DE LA SITUATION

DES

ISRAÉLITES INDIGÈNES

QUANT A LEUR ÉTAT CIVIL

PAR

M⁰ E. DARBON

Avocat

ALGER
BASTIDE, LIBRAIRE-ÉDITEUR
PLACE DU GOUVERNEMENT
1862

F

DE LA SITUATION

DES

ISRAÉLITES INDIGÈNES

QUANT A LEUR ÉTAT CIVIL

PAR

Me E. DARBON

Avocat

ALGER

BASTIDE, LIBRAIRE-ÉDITEUR

PLACE DU GOUVERNEMENT

—

1862

ALGER. — TYPOGRAPHIE BASTIDE

PLACE DU GOUVERNEMENT.

DE LA SITUATION

DES

ISRAÉLITES INDIGÈNES

QUANT A LEUR ÉTAT CIVIL

Il est peu de questions, en Algérie, qui, au double point de vue de la théorie et de la pratique, excitent un plus vif intérêt que celle de savoir quelle est la véritable situation des Israélites indigènes quant à leur état civil.

Depuis longtemps agitée devant les tribunaux, cette question n'est pas encore entièrement dégagée des difficultés qu'elle soulève, et restée, sous ce rapport, dans le domaine de la discussion, elle nous a paru mériter une étude particulière.

En nous livrant à ce travail, nous n'avons pas eu la prétention de publier un traité *ex professo* sur la matière.

Laissant ce soin à d'autres, plus autorisés que nous, nous avons voulu seulement tracer une ébauche, destinée à faire ressortir l'importance du sujet, ainsi que la nécessité d'une solution qui tranche tous les doutes et fasse cesser des dissidences regrettables à plus d'un titre.

Depuis la conquête, le sort des Israélites indigènes a subi des changements notables et progressifs.

Faisant partie du peuple vaincu, les Juifs algériens, à l'égal de la race musulmane, ont d'abord été maintenus dans un état complet d'indépendance.

Pour eux, toutefois, l'œuvre de l'assimilation au peuple vainqueur a bientôt commencé; mais lentement opérée, cette œuvre, même de nos jours, est loin d'être achevée, ainsi que l'atteste la législation dont nous allons parcourir sommairement les phases diverses.

HISTORIQUE DE LA LÉGISLATION.

PREMIÈRE ÉPOQUE.
DU 5 JUILLET 1830 AU 16 AOUT 1832.

La prise d'Alger eut pour résultat de mettre le gouvernement français en présence d'une population composée de deux éléments principaux : les Musulmans et les Israélites.

Ces deux éléments co-existaient sans se confondre.

Mal vus dans un pays où ils étaient, relativement, en petit nombre et traités en sujets, les Juifs algériens jouissaient cependant d'immunités importantes, ils avaient pour chef un de leurs coréligionnaires, chargé de les représenter et de les défendre auprès du Dey, et, depuis 1520, ils étaient en pleine possession de leurs lois, appliquées par les tribunaux rabbiniques.

Dans ces circonstances, moins que jamais, la France ne pouvait se départir de ce grand principe de droit public admis en Europe, et d'après lequel la nation vaincue conserve son culte, sa législation et ses coutumes, à moins qu'elle ne demande elle-même à être soumise aux institutions du vainqueur.

Faire à l'égard des Israélites, ce qu'il était évidemment impossible de faire à l'égard des Musulmans, eût été, comme le dit avec raison M. de Ménerville, un acte aussi injuste qu'impolitique.

Agir ainsi, en effet, c'eût été vouloir heurter de front le sentiment d'antipathie religieuse que les anciens maîtres du pays avaient de tout temps nourri contre les Juifs, et, par cela même, accroître, sans profit, les difficultés inhérentes à la conquête.

Le gouvernement français ne pouvait pas commettre une pareille faute.

Il ne la commit pas.

Après avoir spécialement assuré le libre exercice de la religion mahométane, professée par la grande majorité des vaincus, le § 5 de la capitulation du 5 juillet 1830 disposa comme suit :

« La liberté des HABITANTS DE TOUTES LES CLASSES, » leur religion, leurs propriétés, leur commerce et » leur industrie ne recevront aucune atteinte; leurs » femmes seront respectées. »

Cette disposition s'appliquait aux Juifs, par cela seul qu'elle n'excluait personne.

Si le moindre doute avait pu exister à cet égard, il n'aurait pas tardé à être levé.

Le 22 octobre 1830, le Gouverneur Général prenait un arrêté contenant institution d'une cour de justice et d'un tribunal de police correctionnelle.

On lisait dans l'article 2 :

« Toutes les causes entre Israélites, *tant au civil* » *qu'au criminel,* seront portées par devant un tri-» bunal composé de trois rabbins, qui prononcera » souverainement et sans appel, d'après la teneur » et suivant les formes des lois israélites. »

Le respect de l'ordre de choses préexistant, éclatait d'une manière non moins énergique, dans le document officiel du 16 novembre suivant, par lequel le sieur Jacob Bacri était nommé *chef de la nation juive.*

Le 21 juin 1831, un nouvel acte du Gouverneur Général confirmait, en le modifiant, le régime particulier auquel étaient soumis les Israélites.

Dans son préambule, l'acte s'exprimait ainsi :

« Vu l'arrêté du 16 novembre 1830, qui nomme » le sieur Jacob Bacri aux fonctions de chef de la » nation juive, et qui définit les attributions qui » lui sont dévolues en cette qualité;

» Considérant que l'expérience a révélé des incon-» vénients dans la concentration dans les mêmes » mains d'un chef unique et sans contrôle, du ma-» niement des affaires de la nation juive;

» Considérant, en outre, qu'il convient de déter-» miner la durée des fonctions du chef de la nation » et des membres du conseil qui seront appelés à » prendre part à l'administration des affaires. »

Après avoir établi le mode de nomination du chef de la nation juive, et fixé à un an la durée des fonctions de ce magistrat, l'arrêté indiquait de quelle manière il devrait être procédé au choix et au renouvellement des membres du conseil créé sous le titre de *Conseil hébraïque.*

Les articles 5 et 6 statuaient en ces termes :

Art. 5. « Le chef de la nation hébraïque est investi » du droit de police et de surveillance sur tous les » membres de cette nation habitant Alger. »

Art. 6. « Toutes les contestations qui s'élèveraient » entre eux *et qui ne seraient pas de la compétence du* » *tribunal israélite,* seront réglées par lui. »

Les dispositions complémentaires de l'arrêté avaient trait aux attributions purement administratives des membres du conseil.

De l'exposé des faits qui précèdent il résulte que, sauf la réserve insérée dans l'article 12 de l'arrêté du 22 octobre 1830, et aux termes de laquelle tout jugement portant condamnation à la peine capitale, ne pouvait être exécutoire qu'après l'approbation du général en chef, les tribunaux rabbiniques étaient, comme les tribunaux musulmans, investis de la plénitude de juridiction, tant en matière civile qu'en matière criminelle.

Éminemment attentatoire aux droits de la souveraineté, un pareil état de choses n'était pas fait pour durer longtemps.

2ᵐᵉ ÉPOQUE.

DU 16 AOUT 1832 AU 10 AOUT 1834.

Deux années devaient s'écouler encore avant que l'administration de la justice en Algérie fût assise sur des bases régulières, lorsqu'on sentit le besoin de retirer aux tribunaux indigènes une partie des pouvoirs beaucoup trop larges qu'on leur avait conférés dans le principe.

Ce commencement de réforme fut opéré par l'arrêté du 16 août 1832, dont l'article 6 disposa de la manière suivante :

« Les affaires criminelles ou correctionnelles entre
» Musulmans continueront à être jugées par le cadi
» maure, comme il est dit en l'art. 1 de l'arrêté du
» 22 octobre 1830.

» Les affaires criminelles ou correctionnelles entre
» Israélites continueront à être jugées par les rabbins,
» comme il est dit en l'art. 2 du même arrêté.

» *Toutefois, il y aura appel de ces jugements, en*
» *matière correctionnelle, devant la cour de justice;*
» *en matière criminelle, devant le conseil d'administra-*
» *tion, dans le délai prescrit par les articles 4 et 5*
» *qui précèdent.* »

En retenant pour elle la faculté de réviser, par voie d'appel, les décisions répressives émanées des rabbins et des cadis, l'autorité française avait fait un premier pas qui devait, sous peu, la conduire, pour les Israélites du moins, à des modifications plus radicales.

3ᵐᵉ ÉPOQUE.

DU 10 AOUT 1834 AU 28 FÉVRIER 1841.

L'ordonnance royale du 10 août 1834 sur l'organisation de la justice, dépouilla tout-à-fait les tribunaux rabbiniques de la juridiction criminelle et restreignit considérablement leur juridiction civile.

Le premier résultat fut consacré par l'article 32, le second par l'article 43.

« *Les tribunaux français*, dit l'article 32, *connaissent* » *de toutes les infractions aux lois de police et de sûreté,* » *à quelque nation ou religion qu'appartienne l'inculpé;*

» *De tous les crimes ou délits commis par des Fran-* » *çais, des* ISRAÉLITES *ou des étrangers;*

» *Des crimes ou délits commis par des Musulmans* » *indigènes* AU PRÉJUDICE DE FRANÇAIS, D'ISRAÉLITES OU » D'ÉTRANGERS. »

» *Les tribunaux israélites*, ajoute l'article 43, *con-* » *naissent en dernier ressort :*

» 1° *Des contestations entre Israélites* CONCERNANT LA » VALIDITÉ OU LA NULLITÉ DES MARIAGES ET RÉPUDIATIONS » SELON LA LOI DE MOÏSE;

» *Des infractions à la loi religieuse, lorsque, d'après* » *la loi française, elles ne constituent ni crime, ni délit,* » *ni contravention;*

» *Ces tribunaux concilient les Israélites qui se pré-* » *sentent volontairement et constatent entre eux toutes* » *conventions civiles.*

» *Toutes autres attributions leur sont interdites, à* » *peine de forfaiture.* »

1ᵐᵉ ÉPOQUE.

DU 28 FÉVRIER 1841 AU 26 SEPTEMBRE 1842.

Le lambeau de juridiction civile laissé aux tribunaux rabbiniques leur fut définitivement enlevé par l'art. 32 de l'ordonnance du 28 février 1841, ainsi conçu :

« Les ministres du culte israélite institués à un titre
» quelconque par le Gouverneur Général, pour l'exer-
» cice ou la police de ce culte, n'ont aucune juridic-
» tion sur leurs co-réligionnaires, lesquels sont exclu-
» sivement justiciables des tribunaux français, *sauf*
» *toutefois la disposition contenue en l'article* 50 *ci-*
» *après.* »

Puis, comblant une lacune qui s'était glissée dans l'ordonnance de 1834, celle de 1841 disposa, par son article 37, § 3, que *les contestations entre indigènes, relatives à l'état civil, seraient jugées conformément à la loi religieuse des parties.*

Dans la discussion à laquelle nous nous livrerons bientôt, il nous sera facile de démontrer l'importance de cette disposition dont le principe est demeuré intact.

Enfin l'ordonnance créa pour les Israélites, désormais justiciables des tribunaux français en toute matière, un système de transition organisé par l'article 50, dont voici le texte :

« *Les rabbins désignés pour chaque localité par le*
» *Gouverneur sont appelés à donner leur avis écrit sur*
» *les contestations relatives* A L'ÉTAT CIVIL, AUX MARIAGES
» ET RÉPUDIATIONS ENTRE ISRAÉLITES. *Cet avis demeure*

» *annexé à la minute du jugement rendu par les tri-*
» *bunaux français.*

» Ils prononcent sur les infractions à la loi religieuse,
» lorsque, d'après la loi française, elles ne constituent
» ni crime, ni délit, ni contravention.

» Toutes autres attributions leur sont interdites. »

Cet état nouveau est, encore aujourd'hui, en pleine
vigueur, ainsi que l'établissent les actes officiels dont
il nous reste à rendre compte.

5ᵐᵉ ET DERNIÈRE ÉPOQUE.

DU 26 SEPTEMBRE 1842 A CE JOUR.

Dans cette période, qui n'embrasse pas moins de
vingt années, la situation des Israélites, considérée au
point de vue de leur état civil, n'a subi aucune espèce
de modification.

En ce qui concerne cette classe d'indigènes, l'ordonnance du 26 septembre 1842 n'a réellement innové, ni
en la forme, ni au fond.

Littéralement emprunté à l'ordonnance de 1841, l'article 37, le seul qu'il soit utile de reproduire ici, dispose
en ces termes :

« La loi française régit les conventions et contesta-
» tions entre Français et étrangers.

» Les indigènes sont présumés avoir contracté entre
» eux, selon la loi du pays, à moins qu'il y ait conven-
» tion contraire.

» Les contestations entre indigènes, relatives à l'état

» civil, seront jugées conformément à la loi religieuse
» des parties.

» Dans les contestations entre Français ou étrangers
» et indigènes, la loi française ou celle du pays est
» appliquée, selon la nature de l'objet en litige, la
» teneur de la convention et, à défaut de convention,
» selon les circonstances ou l'intention présumée des
» parties. »

Également maintenu tel quel, l'article 50 de l'ordonnance de 1842, réglementant les attributions des rabbins, est devenu l'art. 49 de la nouvelle ordonnance.

Si l'on rapproche, en les résumant, les deux dispositions qui forment le code de la matière, on voit, tout
d'abord, que, sans distinguer entre les Musulmans et les
Israélites, compris sous la dénomination générale d'*indigènes*, le législateur de 1841 et de 1842 a posé en
principe que les contestations relatives à l'état civil
seraient jugées conformément à la loi religieuse des
parties.

On voit ensuite que, pour assurer l'application de ce
principe à l'égard des Israélites renvoyés devant les tribunaux français, le législateur a déclaré que les décisions
devraient être rendues sur l'avis écrit des rabbins, et
annexé, dans chaque affaire, à la minute du jugement.

En parcourant les divers documents qui, depuis
1812 jusqu'à ce jour, ont touché à des questions intéressant, de près ou de loin, les Juifs algériens, on peut
aisément se convaincre qu'il n'y a rien eu de changé
quant à leur état civil.

Ayant eu pour objet exclusif l'organisation du *culte*
israélite en Algérie, l'ordonnance royale du 9 novembre

1815 ne peut avoir, selon nous du moins, aucune influence sur la solution de la question qui nous occupe, mais elle renferme une disposition à laquelle les partisans de l'opinion qui n'est pas la nôtre attribuent une telle portée, qu'il ne nous est pas permis de la passer sous silence.

« Les fonctions du grand rabbin et des rabbins, dit
» l'article 10, sont :

» 1° D'enseigner la religion, de rappeler en toute
» circonstance l'obéissance aux lois, la fidélité à la
» France, et le devoir de la défendre;

» 2° D'officier, de faire la prédication, de réciter des
» prières pour le roi et la famille royale dans toutes
» les synagogues de leur circonscription ;

» 3° D'assister aux inhumations et de célébrer les
» mariages religieux ;

» D'inspecter les salles d'asile et les écoles israélites
» qui seront établies en vertu de la section 2 de la
» présente ordonnance et d'y surveiller l'enseignement
» religieux.

» Dans les synagogues où il n'y a pas de rabbins,
» ou en leur absence, les ministres officiants rem-
» plissent les fonctions de rabbins. »

Nous démontrerons, en temps et lieu, que cette disposition n'a pas et ne peut pas avoir la signification qu'on lui prête.

Il n'y a dans l'ordonnance de 1815 qu'un article qui, sous le rapport historique, présente un certain intérêt, en nous fournissant l'occasion de compléter une partie de notre exposé.

En rappelant les faits qui se rattachent à la première époque, nous avons constaté que, dès le 16 novembre 1830, et par imitation du passé, un chef avait été nommé à la nation juive en la personne du sieur Jacob Bacri, et que, le 21 juin 1831, un conseil hébraïque lui avait été adjoint.

Le moment est venu de signaler l'existence d'un arrêté pris, le 28 mars 1836, par le Gouverneur Général, sur les instructions du Ministre de la guerre, et d'après lequel le sieur Ange Saül Cohen Solal, adjoint israélite à la Mairie d'Alger, fut chargé d'exercer, sous la surveillance du Maire et de l'Intendant civil, les fonctions primitivement attribuées au chef de la nation juive.

Ainsi réduites, ces fonctions devinrent presque nominales; en fait, elles avaient cessé depuis longtemps, lorsque la suppression en fut légalement ordonnée par l'article 22 de l'ordonnance, conçu en ces termes :

« A partir du jour de l'installation des consistoires, » toutes les autorités spéciales aux Israélites de » l'Algérie, autres que celles qui sont instituées par « la présente ordonnance, demeureront abolies. »

Le 16 août 1848, le chef du pouvoir exécutif rendit un décret qui plaçait sous l'autorité du Ministre des Cultes le service des cultes chrétiens et du culte israélite.

Ce règlement de pure administration intérieure peut d'autant moins servir d'argument à l'appui de la thèse, qui fait bon marché des ordonnances de 1841 et de 1842, qu'il a été abrogé expressément et sans réserve par un décret impérial du 2 août 1858.

Deux autres décrets, en date des 5 septembre 1851 et 19 mars 1852, clôturent la série des actes dans lesquels on a cru trouver la preuve de l'admission des Juifs algériens dans la famille française.

L'article 1er du décret de 1851 porte :

« Les actes de notoriété qui, aux termes de l'ar-
» ticle 70 du Code Napoléon, doivent suppléer l'acte de
» naissance exigé *pour contracter mariage*, seront
» affranchis, *en faveur des Israélites indigènes de*
» *l'Algérie*, des droits de timbre et d'enregistrement,
» lorsque lesdits Israélites indigènes justifieront qu'à
» l'époque où ils sont nés, la loi française relative
» à l'état civil n'était pas encore en vigueur et appli-
» quée dans le lieu de leur naissance. »

Le décret de 1852 a eu pour effet de faire profiter l'Algérie, sous certaines modifications, du bénéfice de la loi qui régit en France le mariage des indi-gents.

« Les dispositions de la loi du 10 décembre 1850,
» dit l'article 8, et celles du présent décret sont
» applicables *aux Israélites et aux étrangers*, pour
» tous les actes, formalités, productions de pièces et
» décisions judiciaires émanant de l'autorité admini-
» strative ou judiciaire de l'Algérie. »

Dans la discussion que nous allons aborder de suite, il nous sera facile de prouver que, loin d'impli-quer l'abrogation des ordonnances, les décrets de 1851 et de 1852 déposent hautement en faveur de leur maintien.

DISCUSSION.

« Les Israélites, dit M. de Ménerville, dans son
» dictionnaire de la législation algérienne, sont restés
» non plus une nation, mais comme autrefois, en
» France, une aggrégation d'hommes régis, quant
» à leur état civil, par leur loi spéciale, et pouvant
» seulement invoquer la loi générale commune à
» tous.

» Ils n'ont pas été appelés à la dignité de citoyens
» français; car loin que cette émancipation leur ait
» été accordée, c'est toujours comme Israélites seu-
» lement en vertu de nomination spéciale et dans
» une proportion déterminée, qu'ils sont appelés à
» faire partie des chambres d commerce, des corps
» municipaux, de la milice et en dernier lieu des
» conseils généraux. En 1857, une commission in-
» stituée par M. le Gouverneur Général, sur l'invi-
» tation du Ministre de la Guerre, a même été chargée
» d'étudier toutes les questions relatives à l'exercice
» de certains droits civils ou politiques, et à la na-
» turalisation des *Israélites* et des *étrangers* fixés
» en Algérie. »

Si les Juifs algériens ne sont ni citoyens français,
ni étrangers, que sont-ils donc?

Ils sont, en leur qualité *d'indigènes*, des sujets
français, rien de plus, rien de moins.

Cette qualité d'indigènes ne peut leur être sérieu-
sement déniée; vainement a-t-on essayé de soutenir

qu'elle n'appartient qu'aux Musulmans, les monuments de la législation ancienne et nouvelle protestent énergiquement contre une distinction repoussée par la nature même des choses.

Sous ce titre : *Des tribunaux* INDIGÈNES, la section 2 de l'ordonnance de 1834 comprenait deux articles dont l'un consacrait le maintien des tribunaux musulmans, et dont l'autre disposait que le Gou~ ...eur aurait mission d'instituer, partout où il le jugerait nécessaire, des tribunaux *israélites* composés d'un ou trois rabbins désignés par lui. (Articles 25 et 26).

Les ordonnances de 1841 et de 1842 ont, sous le même titre, reproduit la même pensée. (Articles 31 et 32).

Les deux décrets sur l'organisation de la justice musulmane, des 1er octobre 1854 et 31 décembre 1859, en parlant de *Musulmans indigènes*, indiquent suffisamment qu'aujourd'hui comme au début de la conquête, il y a des indigènes non Musulmans, et que ces indigènes sont les Israélites :

Rendu le 29 avril 1854 et promulgué le 31 décembre 1855, un décret impérial avait statué, en ces termes, par son article unique :

« En Algérie, dans le ressort des justices de paix qui » existent ou qui seront créées en territoire militaire, la » connaissance des crimes et délits commis par les *indi-* » *gènes* continue d'appartenir aux conseils de guerre. »

Pour prévenir ou pour faire cesser toute équivoque, le Gouverneur Général crut devoir, à l'occasion de ce décret, rédiger une circulaire dont M. de Ménerville a rapporté la substance (Dict. p. 410, note).

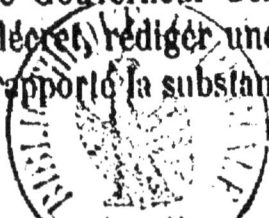

2

« Cette circulaire détermine, dit-il, qu'aucune disposition législative n'ayant conféré aux Israélites non
» plus qu'aux Arabes la qualité de Français, il s'ensuit
» qu'à l'exception de ceux qui auraient obtenu la naturalisation ou justifieraient d'une nationalité étrangère,
» tous les autres sont compris de plein droit dans la
» qualification générique d'indigènes, que leur a toujours donnée, au surplus, la législation coloniale, au
» point de vue judiciaire, notamment dans les ordonnances des 10 août 1834, 28 février 1841 et 26 septembre 1842. »

Conforme à la lettre et à l'esprit de la loi, proclamée par l'administration supérieure et définitivement sanctionnée par la jurisprudence de la Cour, ainsi que nous le verrons tantôt, l'interprétation qui range les Juifs algériens parmi les indigènes est, désormais, à l'abri de toute controverse sérieuse.

Cela posé, il est essentiel de ne pas oublier qu'aux termes de l'article 37, § 3, de l'ordonnance du 26 septembre 1842, les contestations entre indigènes, *relatives à l'état civil*, doivent être jugées conformément à la loi religieuse des parties.

Il s'agit donc de savoir si, pour les Israélites, cette disposition a été abrogée.

Pendant longtemps, il faut le reconnaître, on s'est, dans la pratique surtout, fort peu préoccupé de la situation particulière que les ordonnances ont faite aux Israélites.

Les minutes des greffiers de justice de paix et des notaires de l'Algérie attestent que, même de nos jours, il se passe une foule d'actes qui pourraient faire croire à l'abrogation de la loi.

Cette abrogation n'a, cependant, été prononcée ni virtuellement, ni expressément.

C'est ce que nous allons démontrer en nous occupant des questions principales qui se rattachent aux mariages et aux successions.

PREMIÈRE PARTIE.

DES MARIAGES.

Consacrée aux mariages, la première partie de cette discussion se subdivise naturellement.

Dans un premier paragraphe, nous examinerons quelle est, en thèse générale, la législation qui régit les mariages des Israélites indigènes.

Dans un deuxième paragraphe, nous rechercherons si le fait de la célébration de ces mariages par l'officier de l'état civil n'est pas de nature à les soumettre, quant à leurs effets, à l'application de la loi française.

§ 1er. — *Quelle est la législation qui régit, en thèse générale, les mariages des Israélites indigènes?*

La première fois que le débat s'est engagé sur ce terrain, il s'agissait d'un mariage qui, en 1849, avait été célébré *selon le rit mosaïque.*

Usant de la faculté que lui attribuait sa loi religieuse, le mari voulait, en 1856, prendre une seconde femme, et, dans ce but, il avait rempli, devant l'officier de l'état civil français, les formalités préalables exigées par le code Napoléon.

Sur l'opposition de l'épouse délaissée, il intervint un jugement du tribunal de Constantine qui, ayant déclaré le mariage de 1849 nul et sans valeur, ordonna qu'il serait passé outre à la célébration de l'union projetée.

Mais, le 20 janvier 1857, la Cour d'Alger, chambres réunies, rendit un arrêt infirmatif, motivé avec un soin remarquable, et qui eut, à juste titre, les honneurs d'une insertion *in extenso* dans le *Moniteur algérien* du 15 novembre de la même année.

« Il est de principe en droit public, dit le sommaire,
» que la nation vaincue et annexée par la conquête,
» conserve son culte, ses lois et ses coutumes. Les
» capitulations d'Alger et de Constantine l'ont consa-
» cré de nouveau en stipulant, sans distinction entre
» les diverses fractions de la population indigène, que
» la liberté des habitants de toutes les classes, leur
» religion, leurs propriétés, leur commerce et leur
» industrie ne recevraient aucune atteinte.

» *Aucune disposition législative postérieure n'a mo-*
» *difié l'état civil de l'Israélite algérien; il continue*
» *donc, spécialement en ce qui concerne le mariage,*
» *d'être régi par les principes de l'ancienne organi-*
» *sation.*

» En conséquence, les rabbins peuvent célébrer des
» mariages entre Israélites et conformément à la loi de
» Moïse, sans l'intervention préalable de l'officier de
» l'état civil français, et le contrat, ainsi reçu, est obli-
» gatoire pour ceux qui l'ont consenti. »

Une autre affaire ne tarda pas à se présenter devant le tribunal d'Oran.

Le 8 juin 1854, le sieur Simon Courcheyia et la demoiselle Guenouna Strock, tous deux Israélites indigènes, s'étaient mariés *devant l'officier de l'état civil français.*

Le 14 décembre 1857, assistée de son père, agissant comme tuteur, la dame Courcheyia introduisit, à l'encontre du sieur Courcheyia, une demande tendant à obtenir l'annulation du mariage.

Cette demande était basée sur l'impuissance physique du défendeur, qui constitue, d'après la législation hébraïque, une cause de nullité.

Devant les premiers juges, la dame Courcheyia et le sieur Strock invoquèrent principalement la loi de Moïse et subsidiairement l'article 180 du code Napoléon, en offrant la preuve de l'impuissance et requérant la visite du mari.

De son côté, le sieur Courcheyia, soutenant que son union était régie par le droit français, conclut à la non recevabilité de l'action et demanda reconventionnellement que sa femme fût condamnée à réintégrer le domicile conjugal.

Par son jugement du 9 janvier 1858, le tribunal déclara la dame Courcheyia et le sieur Strock non recevables, et, en tout cas, mal fondés dans leur demande en nullité du mariage; et, statuant sur les fins reconventionnelles du sieur Courcheyia, il ordonna que sa femme serait tenue de le rejoindre, mais dit n'y avoir lieu d'autoriser l'emploi de la force armée.

Étant parti de ce principe que, depuis l'ordonnance du 28 février 1841, les Israélites indigènes avaient été soumis à la loi française en toute matière, le tribunal fut amené à ne voir dans la célébration du mariage des époux Courcheyia devant l'officier de l'état civil français, qu'un fait normal et sans importance particulière.

Resté dans les généralités de la question de droit pur, il n'hésita pas à reproduire la thèse que le tribunal de Constantine avait soutenue, et dont l'arrêt solennel du 20 janvier 1857 avait déjà fait justice.

Persistant ainsi dans une opinion condamnée, il eut, au moins, le mérite de proportionner ses efforts aux difficultés de la position.

Sous ce point de vue, le jugement du 9 janvier 1858 est d'autant plus intéressant à connaître, qu'il renferme l'exposition complète des moyens sur lesquels s'appuie la doctrine dissidente.

Le tribunal commence par déclarer que la capitulation de 1830, conclue entre les Français et le dey d'Alger n'a eu spécialement pour but que de garantir l'exercice de la religion mahométane, constituant le droit civil des Arabes; que, de la part du dey, elle n'a pas eu et ne pouvait avoir pour objet de garantir les lois civiles et religieuses des Israélites placés par le gouvernement de la régence dans un ilotisme complet, et que les actes successifs de l'autorité française démontrent que c'est dans ce sens qu'elle a, elle-même, entendu les effets de la capitulation.

A cet égard, le tribunal fait observer que dans les lois, ordonnances ou arrêtés, concernant l'Algérie, un droit civil particulier, des tribunaux spéciaux ont été attribués aux Musulmans; mais que ces lois, ordonnances et arrêtés, en respectant la religion des Israélites, leurs mœurs, leurs propriétés, leur commerce, leur industrie, ne leur ont pas constitué un droit civil à eux propre; que si, dans l'état de guerre permanent des premières années de la conquête, l'ordonnance du 10 août 1834 (art. 43) a laissé aux tribunaux israélites la connaissance des contestations concernant la validité des mariages et des répudiations, le gouvernement français, retenant le pouvoir judiciaire émanant directement de la souveraineté, a, par les ordonnances royales du 28 février 1841 (art. 50) et du 26 septembre 1842 (art. 49), renvoyé aux tribunaux ordinaires le jugement de ces contestations, réservant seulement à ces tribunaux *la faculté* de consulter les rabbins sur lesdites questions.

Ayant à s'expliquer sur la portée de ces ordonnances, et ne pouvant se dissimuler que l'intervention des rabbins, quoique facultative d'après lui, implique l'obligation pour les juges français d'appliquer la loi hébraïque, le tribunal fait une distinction.

Il prétend que le principe de la non rétroactivité n'ayant pas permis que la loi française pût régir le passé et préjudicier aux droits acquis, les ordonnances de 1841 et de 1842 n'ont été faites qu'en vue des mariages célébrés sous l'empire de l'ancienne organisation israélite et sans engager l'avenir.

Arrivant à l'ordonnance du 9 novembre 1845 qui a réglé l'organisation du culte israélite, le tribunal fait remarquer que cette ordonnance a dû s'occuper du mariage qui, *antérieurement à 1841*, était, entre les mains des rabbins, tout à la fois, un contrat civil et un acte religieux, et que, par son article 10, elle a fixé d'une manière précise les fonctions des rabbins en ne leur donnant que le droit de célébrer le mariage religieux.

L'arrêté du 16 août 1848 est, ensuite, de la part du tribunal, l'objet d'une appréciation formulée dans des termes que nous croyons devoir reproduire textuellement, ne fût-ce que pour ne pas être accusé d'avoir affaibli un des principaux moyens du système adopté par le jugement.

« Attendu, dit-il, que l'arrêté du chef du pouvoir » exécutif, en date du 16 août 1848, sur l'admi- » nistration des cultes en Algérie, inséré au *Bulletin* » *des lois* 67, n° 662, a confirmé toutes ces dis- » positions, en édictant, art. 1°, que l'administra- » tion du culte israélite est purement du ressort du » Ministère des Cultes, et article 2, que la législa- » tion relative à l'administration des cultes en Al- » gérie, est celle qui régit la métropole; que cette » législation fixée par l'ordonnance du 25 mai 1844 » dispose, art. 53, que *les rabbins ne peuvent donner* » *la bénédiction nuptiale qu'à ceux qui justifient avoir* » *contracté mariage devant l'officier de l'état civil;* » que cet article 53 n'est, au surplus, que la ré- » pétition, quant à ce, du décret du grand Sanhé- » drin de 1807 et de l'article 20 du règlement de » l'assemblée générale des Juifs, du 10 décembre 1806, » rendu exécutoire par le décret impérial du 17 » mars 1808. »

Pour mieux établir la complète assimilation, quant au mariage, des Israélites indigènes aux Israélites de a métropole, le tribunal pose, en fait, que *des cir- culaires ont réitéré aux rabbins les défenses de ne procéder aux mariages religieux, que sur la justifi- cation de l'acte de mariage dressé par l'officier de l'état civil.*

Il ajoute qu'au cas de contravention, il a constamment appliqué aux rabbins les peines portées par l'article 199 du code pénal.

Se basant, enfin, sur le décret présidentiel du 5 septembre 1851, qui, par une disposition spéciale aux Israélites, les a affranchis des droits de timbre et d'enregistrement des actes de notoriété destinés à suppléer leur acte de naissance pour contracter mariage, le tribunal voit dans cette disposition du décret une nouvelle preuve de l'assimilation.

A l'objection faite par les demandeurs et tirée de ce que le décret n'avait eu d'autre but que celui de faciliter aux Israélites indigènes le moyen de recourir à la forme française pour le mariage, qui, étant un contrat du droit des gens, ne pouvait être restreint aux Français seuls, le tribunal répond que les Israélites indigènes ne sont pas des étrangers, que, par suite, le mariage en Algérie ne peut pas être considéré, à leur égard, comme un contrat d u droit des gens, mais bien comme un contrat civil ordinaire, que le gouvernement a voulu rendre plus facile pour les indigènes assimilés aux Français.

Ces prémisses posées, le tribunal conclut en ces termes :

« Attendu que tous les actes législatifs qui précè-
» dent ne permettent pas même de supposer que
» l'Israélite indigène doit être régi par un statut
» personnel propre, résultant de sa religion ; que,
» dans tous ces actes, on voit les différences pro-
» fondes maintenues entre le Mahométan et l'Israélite
» quant à l'état civil ; que le législateur place l'état
» civil et les droits qui s'y rattachent pour le Maho-

» métau sous la sauvegarde de sa foi religieuse, admet
» le Ministre du Culte à célébrer le mariage comme
» contrat tout à la fois civil et religieux; qu'il assi-
» mile, au contraire, l'Israélite au Français pour l'état
» des personnes, sépare ainsi le mariage civil et le
» mariage religieux et rend ces deux actes indépen-
» dants l'un de l'autre.

» Attendu que de tout ce qui précède, il résulte
» que l'Israélite indigène marié devant l'officier de
» l'état civil français est régi par la loi française
» pour les effets civils de son mariage; que les dispo-
» sitions du Code Napoléon sont donc les seules
» applicables à la contestation actuelle. »

Abordant immédiatement l'examen des conclusions
subsidiaires des demandeurs, le tribunal n'a pas de
peine à démontrer, d'une part, qu'ils ne sont pas
fondés à invoquer l'article 180 du Code Napoléon,
en alléguant que l'impuissance du mari constitue une
erreur dans la personne, alors que l'impuissance, ad-
mise sous l'ancien droit, comme une cause de nullité
du mariage, a été sagement écartée par notre droit
nouveau; et, d'autre part, que la cohabitation des
époux ayant continué sans interruption, pendant plus
de trois ans, la dame Courcheyia eût-elle été dès le
principe habile à exercer l'action, se serait rendue
non recevable aux termes de l'art. 181.

Déféré à l'appréciation de la Cour, ce jugement a
été infirmé, le 19 janvier 1860, par un arrêt qui,
avant dire droit au fond, a ordonné que les rabbins seraient consultés conformément aux ordonnances.

Devant la Cour, comme devant les premiers juges,

on n'a plaidé que la question de droit pur, sans rechercher si la célébration du mariage devant l'officier de l'état civil français avait laissé les choses entières.

L'issue du débat, ainsi restreint, ne pouvait pas être douteuse.

Sans rentrer, avec raison, dans les développements auxquels elle s'était livrée lors de l'arrêt du 20 janvier 1857, la Cour s'est particulièrement attachée à combattre le système de la prétendue abrogation des ordonnances, qui, en réalité, formait la base du jugement attaqué.

Quoiqu'à notre avis, la question soit aujourd'hui définitivement vidée, nous nous écarterions du plan que nous nous sommes tracé, si, après avoir fait connaître, avec détails, les moyens invoqués par les partisans de l'assimilation, nous n'achevions, ici, la réfutation commencée dans la première partie de notre travail et qui ressort de l'historique même de la législation sur la matière.

Nous n'aurons, pour cela, rien de mieux à faire que d'emprunter nos principaux arguments aux arrêts des 20 janvier 1857 et 19 janvier 1860.

Et d'abord, il n'est pas exact de soutenir que la capitulation du 5 juillet 1830 n'a eu spécialement pour but que de garantir l'exercice de la religion mahométane, constituant le droit civil des Arabes; et que, soit de la part du dey, soit de la part de l'autorité française, elle n'a eu ni pu avoir pour objet de garantir les lois civiles et religieuses des Israélites indigènes placés par le gouvernement de la régence dans un ilotisme complet.

Cette proposition a le double défaut de ne pas tenir compte des termes de la capitulation et d'exagérer ce qu'il y a eu de vrai dans l'état des Juifs algériens avant la conquête.

Sous le gouvernement turc, les Israélites, que la puissance des préjugés religieux rendait antipathiques aux maîtres du pays, n'avaient sans doute aucune capacité politique.

Mais, comme nous l'avons dit dans l'exposé, ils ne jouissaient pas moins d'immunités importantes, et, depuis plus de trois siècles, ils étaient en pleine possession de leurs lois, appliquées par les tribunaux rabbiniques.

On comprend très-bien que, se conformant aux règles du droit public, dont le respect est traditionnel chez elle, et ne voulant pas, d'ailleurs, ajouter un motif de plus à l'hostilité naturelle des vaincus, la France n'ait pas songé à élever, d'emblée, les Israélites à la dignité de citoyens; mais on ne comprendrait pas que la nation la plus généreuse du monde se fût décidée à leur ravir ces antiques franchises qu'ils avaient obtenues et conservées sous le pouvoir ombrageux des deys.

La justice et la prudence commandaient également le maintien du *statu quo;* aussi rien ne fût-il changé, ni pour les Musulmans ni pour les Israélites.

Lorsqu'après avoir spécialement assuré le libre exercice de la *religion mahométane,* professée par la grande majorité des naturels du pays, la capitulation de 1830 disposa que la liberté des *habitants de toutes les classes,* LEUR RELIGION, leurs propriétés, leur commerce et leur industrie ne recevraient aucune atteinte, il est évident que, par cette disposition générale qui n'excluait personne, elle entendit comprendre et comprit tout le monde.

Puis, il ne faut pas perdre de vue qu'en déclarant que la religion des habitants de toutes les classes ne recevrait aucune atteinte, elle assurait, par cela même, aux Juifs algériens, la conservation de leur loi civile, qui, pour eux comme pour les Musulmans, se confond avec la loi religieuse.

Dans le cours de cette discussion, nous aurons, plus d'une fois, l'occasion de rappeler cette observation essentielle et qui repose sur un point de fait incontestable.

Si, à ne consulter que les termes du traité du 5 juillet 1830, on demeure convaincu qu'il n'a ni détruit, ni modifié le droit civil propre aux Juifs indigènes, cette conviction acquiert le plus haut degré de certitude, en présence de l'arrêté du 22 octobre suivant, qui déférait à un tribunal composé de trois rabbins appelés à juger d'après la teneur et selon les formes des lois israélites, la connaissance souveraine de toutes les causes entre leurs co-réligionnaires, *tant au civil qu'au criminel*; et en présence de l'arrêté du 16 novembre, même année, qui, par imitation du passé, nommait le sieur Joseph Bacri *chef de la nation juive!*

Dans son jugement du 9 janvier 1858, le tribunal d'Oran n'avait pas dit un mot de ces actes qui, contemporains de la capitulation, en sont le commentaire le plus sûr et le meilleur.

Le silence peut, quelquefois, être un moyen de sortir d'embarras, il n'est jamais un argument.

Mais chez le magistrat il n'y a pas d'omission volontaire; le silence gardé par le tribunal ne prouve donc qu'une chose, à savoir qu'il n'a pas eu connaissance des arrêtés primitifs, et cela est d'autant plus regrettable que, comme tout s'enchaîne, faute d'avoir connu l'organisation première, les juges d'Oran n'ont pas été en mesure d'apprécier sainement les actes successifs qui l'ont modifiée.

C'est ainsi qu'ils n'ont pas pu suivre la progression qui, ayant eu pour point de départ l'arrêté du 22 octobre 1830, est venue aboutir aux ordonnances de 1841 et de 1842.

C'est ainsi qu'ils ont pris l'ordonnance du 10 août 1834 pour le début de la législation, tandis qu'elle en représentait la troisième phase.

Si tous les documents avaient passé sous leurs yeux, ils auraient vu, qu'après avoir, dans le principe, conféré aux Israélites le privilége d'être jugés souverainement par les ministres de leur culte et d'après leur propre loi, tant au civil qu'au criminel, le gouvernement français retirant, en partie, une concession excessive, avait, par l'arrêté du 16 août 1832, retenu pour ses tribunaux la simple faculté de réviser, au cas d'appel, les décisions émanées des rabbins en matière répressive; et que, s'engageant dans cette voie d'un pas plus ferme, il avait, par l'ordonnance du 10 août 1834, complétement dépouillé les tribunaux rabbiniques de la juridiction criminelle et restreint leur juridiction civile aux contestations sur la validité ou la nullité des mariages et des répudiations.

Instruit de ces précédents, le tribunal d'Oran n'aurait certainement pas eu l'idée d'attribuer la réglementation de 1834 à l'état de guerre permanent des premières années de la conquête.

Le tribunal n'avait pas été plus heureux dans l'explication qu'il avait donnée des ordonnances de 1841 et de 1842.

Invoquer, en effet, le principe de la non-rétroactivité, pour établir que ces ordonnances n'avaient eu d'autre but que celui de régir les mariages contractés sous l'empire de l'ancienne organisation israélite, c'était prendre exactement le contre-pied de la question.

Inscrite en tête du code Napoléon et faisant partie de notre droit public, la règle qui veut que la loi ne dispose que pour l'avenir et n'ait pas d'effet rétroactif, n'avait pas besoin d'une sanction nouvelle.

Par application de cette règle, les ordonnances, tout en respectant le passé, n'ont statué et n'ont pu statuer que pour les mariages futurs.

Mais est-il vrai que ces ordonnances aient été abrogées par les règlements postérieurs.

Cette proposition, qui n'est que spécieuse et qui, en définitive, avait réellement servi de base à l'argumentation du tribunal, ne devait pas trouver grâce devant la Cour.

« Considérant, dit l'arrêt du 19 janvier 1860, « qu'en matière d'abrogation de loi, tout est de « droit rigoureux; qu'il faut qu'aucun doute ne « puisse exister sur la volonté du législateur à cet « égard; qu'il faut ainsi, ou un texte formel ou « une disposition nouvelle qui soit inconciliable avec « la disposition ancienne;

« Considérant que cette règle est d'une application « d'autant plus rigoureuse dans l'espèce, qu'il s'agit « de lois ayant un caractère politique et de droits

» formellement réservés à une agrégation d'hommes
» formant une partie notable de la population;

» Considérant que c'est en vain que l'on cherche-
» rait dans les différents actes législatifs intervenus
» depuis, soit une disposition contenant abrogation
» formelle des lois précitées, soit une disposition
» inconciliable avec ces mêmes lois. »

Après cet aperçu général, l'arrêt examine, d'abord,
le mérite de l'argument puisé dans l'ordonnance des
9 novembre et 31 décembre 1845, et le réfute en ces
termes :

« Considérant que l'on ne saurait évidemment faire
» sortir, soit une abrogation, soit une innovation de
« la disposition de l'article 10 de l'ordonnance du
» 31 décembre 1845, qui dit que les rabbins auront
» pour fonctions d'assister aux inhumations et de
» célébrer les mariages religieux, sans étendre cette
» disposition au-delà de ses termes et sans mécon-
» naître profondément les principes qui viennent
» d'être posés. »

Dans son jugement du 9 janvier 1858, le tribunal
d'Oran ne s'était pas borné à exciper du moyen de
droit écarté par la Cour, il avait, en outre, avancé
en fait :

1° Que des circulaires avaient *réitéré* aux rabbins
les DÉFENSES de ne procéder aux mariages religieux,
que sur la justification de l'acte de mariage reçu
par l'officier de l'état civil français;

2° Que toutes les fois que les rabbins avaient contrevenu à ces défenses, les juges d'Oran leur avaient
appliqué les peines portées par l'article 199 du
code pénal.

Malgré leur gravité apparente, ces deux faits n'ont pas laissé de trace dans l'arrêt; d'où il est permis de conclure que la Cour ne leur a reconnu aucune valeur sérieuse.

Cette conclusion est, d'ailleurs, facile à justifier.

Que, dans le cas dont il est parlé plus haut, des rabbins aient été poursuivis et condamnés par le tribunal d'Oran, comme coupables du délit prévu par l'article 199 du code pénal; c'est là, nous devons l'avouer, un fait qui nous surprend, mais qui, juridiquement, n'a qu'une importance très-secondaire, car il ne prouve qu'une chose, c'est que les juges d'Oran sont conséquents avec eux-mêmes et que la question civile de l'assimilation est, à leurs yeux, si nettement résolue, qu'ils n'hésitent pas à punir correctionnellement les ministres du culte israélite, qui, probablement, ne partagent pas le même avis.

Le second fait exige, par sa nature, de plus amples explications, et ce qu'il renferme de vrai, loin de contrarier la solution que la jurisprudence a sanctionnée, lui prête un nouvel appui.

Il aurait été, sans doute, à désirer que le tribunal eût indiqué, au moins approximativement, les dates de ces circulaires réitérées adressées aux rabbins par l'administration; mais, en se plaçant au point de vue du jugement, il faut reconnaître que cela importait peu.

Le dernier ouvrage de M. de Ménerville nous permet de combler cette lacune.

L'appendice au répertoire de la *jurisprudence de la Cour*, publié en 1855, contient un article intitulé : *État civil des Israélites algériens*, qui est remarquable à plusieurs égards.

L'auteur dont le nom se cache mal sous de mo-
destes initiales est particulièrement compétent dans
la matière.

Après avoir constaté qu'aux termes des ordonnances,
l'état civil des Israélites indigènes, notamment en ce
qui concerne le mariage, conserve encore les principes de l'organisation ancienne, il ajoute :

« En veut-on une preuve ou plutôt un exemple
» sans réplique ? A une certaine époque, il avait
» plu à M. le Maire d'Alger de diviser les mariages
» israélites en deux classes bien distinctes : ceux
» antérieurs à 1836 et ceux contractés depuis cette
» époque. Aux premiers il accordait tous les effets
» civils, alors même qu'ils n'avaient été célébrés que
» devant le rabbin ; mais les seconds n'étaient vala-
» bles à ses yeux qu'autant que la célébration reli-
» gieuse avait été précédée de celle de la Mairie.
» Eh bien, dès que ces faits sont parvenus à la
» connaissance de M. le Comte Guyot, alors direc-
» teur de l'intérieur, voici dans quels termes, à la
» date du 5 juillet 1844, il a prescrit pour l'avenir
» une marche plus régulière et plus légale. Sur
» quoi fondez-vous, a-t-il dit, la distinction en vertu
» de laquelle la validité des mariages *more judaïco*
» n'est pour vous qu'une question de date et d'an-
» tériorité ? sur des ordres donnés tant par mes
» prédécesseurs, que par M. le Procureur-Général,
» et quelle connaissance avez-vous de ces ordres ?
» Aucune, si ce n'est celle résultant de leur publi-
» cation dans les synagogues. Je crois fermement,
» quant à moi, que *les ordres dont vous parlez n'ont*
» *été, tout au plus, qu'une invitation* à laquelle on

» a donné, après coup, une portée qu'elle n'avait
» pas, qu'elle ne pouvait avoir; je le crois ainsi,
» M. le Maire, parceque cette interprétation est seule
» conciliable avec les lettres de M. le Procureur-
» Général qui sont en ce moment sous mes yeux
» et avec le texte formel, positif, non équivoque,
» des ordonnances d'août 1834, février 1841, sep-
» tembre 1842. »

Les indications aussi certaines que précises fournies
par le document qui précède, établissent que les
circulaires auxquelles il est fait allusion, ont été
adressées aux rabbins dans la période de temps qui
s'est écoulée entre 1836 et 1844.

Elles établissent encore, contrairement à l'appréciation du tribunal d'Oran, que les circulaires en question n'intimaient ni ordres, ni *défenses*, mais se
réduisaient à une simple invitation, dont la convenance
et le but n'ont pas besoin d'être expliqués.

Depuis 1844 et notamment depuis l'ordonnance
de 1845, la situation des choses a-t-elle changé?

Dans son numéro du 15 novembre 1857, *le Moniteur Algérien*, journal officiel, en rapportant l'arrêt
du 20 janvier précédent, disait :

« L'autorité française a, depuis longtemps, pris
» des mesures pour engager les Israélites à contracter
» mariage devant l'officier de l'état civil français.
» *Mais ces mesures se sont produites seulement sous
» la forme de simples invitations administratives plus
» ou moins pressantes : aucune ordonnance, aucun
» texte de loi n'en a imposé l'obligation.* »

Cherchant partout des arguments que la législation
coloniale leur refuse, les partisans de l'assimilation

ne manquent pas, comme l'avait fait le tribunal d'Oran, d'invoquer au soutien de leur thèse l'ordonnance royale du 25 mai 1844, qui a organisé le culte israélite *en France.*

Indépendamment de ce que cette ordonnance n'a jamais été publiée en Algérie, ce qui suffit pour en décliner l'autorité, il y a dans la rédaction des deux actes législatifs, traitant la même matière, une différence dont il n'est pas difficile de saisir la portée.

Les paragraphes 1 et 2 de l'article 53 de l'ordonnance de 1844 sont ainsi conçus :

« Le grand rabbin consistorial et les rabbins ne » peuvent célébrer les mariages que dans l'étendue » de leur ressort.

» *Ils ne peuvent donner la bénédiction nuptiale qu'à* » *ceux qui justifient avoir contracté mariage devant* » *l'officier de l'état civil.* «

Définissant les fonctions des rabbins, l'article 10 de l'ordonnance de 1845 comprend parmi ces fonctions, celles *d'assister aux inhumations et de* CÉLÉBRER LES MARIAGES RELIGIEUX.

Entre l'interdiction faite aux rabbins de France de donner la bénédiction nuptiale à ceux de leurs coréligionnaires qui ne justifieraient pas de la célébration de leur mariage devant l'officier de l'état civil français, et la simple énonciation du droit reconnu en faveur des rabbins de l'Algérie de célébrer les mariages religieux, il y a la révélation flagrante de deux ordres de choses tout-à-fait distincts.

Les partisans de l'assimilation n'ont pas même la ressource de jouer sur les mots, en prétendant que le droit pour les rabbins de l'Algérie de célébrer les mariages religieux est exclusif du droit de créer le lien civil.

Nous avons déjà dit, et nous ne saurions trop répéter, que, pour les Israélites indigènes, comme pour les Musulmans, la loi civile et la loi religieuse ne forment qu'une seule et même loi.

Quant à la question qui nous occupe, les Israélites sont dans une situation semblable à celle où se trouvaient les Français avant la révolution de 1789. A cette époque, la religion catholique étant seule publiquement professée et reconnue par le souverain, les ministres de cette religion avaient seuls qualité pour consacrer l'union conjugale, dans laquelle ce qu'on a, depuis lors, appelé le contrat, était dominé par le sacrement de toute la hauteur des choses du ciel relativement aux choses de la terre; et malgré notre incompétence à cet égard, nous affirmerions volontiers que le même principe doit se rencontrer dans la loi de Moïse.

Enfin, et c'est par là que nous terminerons sur ce point, la raison répugne à admettre que si le législateur de 1845 eût voulu déroger, pour les mariages des Juifs indigènes, au droit résultant des ordonnances antérieures, il l'eût fait par un fragment d'article inséré dans un règlement sur l'organisation du culte israélite en Algérie, et que, pour prévenir toute équivoque, dans une matière aussi grave, il n'eût pas songé, du moins, à s'emparer de la disposition si claire et si formelle du règlement fait pour la France le 25 mai 1844, et qu'il avait nécessairement sous les yeux.

Pour épuiser la réfutation des moyens reproduits par le jugement du tribunal d'Oran, nous r̄ ̄3 contenterons de transcrire les derniers motifs de l'arrêt du 19 janvier 1860.

« Considérant, dit la ·Cour, que c'est tout aussi
» vainement que l'on chercherait, soit dans l'arrêté du
» 16 août 1848, soit dans le décret du 5 septembre
» 1851, une négation du droit formellement reconnu à
» la population israélite d'invoquer sa loi religieuse tou-
» tes les fois qu'il s'agit de contestations relatives à son
» état civil; que l'on ne saurait, en effet, reconnaître
» cette négation, dont le caractère serait si grave, dans
» l'arrêté du 16 août 1848, qui ne fait que régler des
» mesures d'ordre et de discipline, sans lui donner
» une portée qui ne saurait se concilier avec la pensée
» qui l'a dicté et que rejettent les termes dans lesquels
» il est conçu; que cet arrêté a été, d'ailleurs, abrogé
» par le décret qui donne au ministre de l'Algérie le
» service des cultes;

» Considérant que c'est tout aussi vainement que le
» jugement invoque le décret du 5 septembre 1851;
» que ce décret, en affranchissant les Israélites du droit
» de timbre pour les actes de notoriété qu'ils pouvaient
» avoir à produire, n'a eu évidemment en vue que le
» mariage à contracter devant l'officier de l'état civil
» français dont le ministère est commun à tous; que
» le mariage est, en effet, un contrat essentiellement
» du droit des gens, et que c'est précisément parce qu'il
» en est ainsi, que, du fait qu'il a été reçu par un officier
» de l'état civil, on ne saurait en faire sortir pour
» l'homme qui l'a contracté, une abdication des droits
» qui résultent d'un statut personnel. »

Cet arrêt a été l'objet d'un pourvoi encore pendant la Cour de cassation.

Nous avons lu avec la plus grande attention les mémoires respectifs des parties.

A notre avis la difficulté que le pourvoi soulève est étrangère à la question de savoir si, en thèse générale et pour les mariages, les Israélites indigènes peuvent être soumis à une autre loi qu'à leur loi religieuse ; sur ce point, la jurisprudence de la Cour d'Alger nous semble n'avoir absolument rien à craindre du contrôle de la Cour Suprême.

Mais la solution doit-elle rester la même lorsque, comme dans l'espèce, le mariage a été célébré devant l'officier de l'état civil français ?

Il y a là une difficulté que nous allons examiner dans le paragraphe suivant avec les développements qu'elle comporte.

§ 2me. — *Quelle est la loi qui régit les mariages d'Israélites indigènes* CÉLÉBRÉS DEVANT L'OFFICIER DE LÉTAT CIVIL FRANÇAIS ?

Ici encore, il est, tout d'abord, essentiel de ne pas oublier que la situation des Juifs algériens est une situation exceptionnelle.

Lorsque le décret du 19 mars 1852, qui a importé en Algérie la loi du 10 décembre 1850 sur le mariage des indigens, a déclaré, dans son article 10, que les dispositions de cette loi et celles du décret lui-même seraient applicables *aux Israélites comme aux étrangers*, il a, par ce simple rapprochement, résolu la question.

Si les Israélites indigènes ne sont pas des citoyens

français, ils ne sont pas davantage des étrangers. Commencée par l'arrêté du 16 août 1832, l'œuvre de leur assimilation au peuple vainqueur a fait, depuis lors, des progrès importants ; et de tout temps, l'administration a puissamment secondé, sur ce point, les tendances de la législation ; nous n'en voudrions, au besoin, d'autre preuve que l'existence de ces circulaires adressées aux rabbins dont nous parlions tantôt.

Il est incontestable, en droit, qu'en fesant célébrer son mariage par l'officier de l'état civil français, l'étranger résidant en France ou dans une de ses colonies, n'est point censé, par ce fait seul, avoir abdiqué sa nationalité, ni s'être soumis, pour les effets de son union, à l'empire d'une loi qui n'est pas la sienne.

Ce qui est vrai à l'égard de l'étranger, l'est-il, au même titre, à l'égard de l'Israélite indigène, dont la position est si différente ?

Nous ne le pensons pas ; mais nous devons, dès à présent, reconnaître que la disposition de l'article 37 de l'ordonnance du 26 septembre 1842, qui est le siège de la matière, est rédigée de façon à autoriser le doute.

On se souvient que les paragraphes 2 et 3 de cette disposition sont ainsi conçus :

« Les Indigènes sont présumés avoir *contracté* » entr'eux, *selon la loi du pays,* à moins qu'il n'y » ait convention contraire.

« Les contestations entre indigènes *relatives à l'état* » *civil* seront jugées conformément *à la loi reli-* » *gieuse* des parties. »

Nous avons eu, déjà, plus d'une fois, l'occasion de faire remarquer que, pour les indigènes Israélites et Musulmans, la législation civile n'est autre que la législation religieuse; il faut donc tenir pour constant que ces expressions employées par l'ordonnance : *la loi religieuse, la loi du pays*, sont rigoureusement synonymes.

Mais ne peut-on pas prétendre, en s'emparant de la distinction établie par le texte, que si, pour les *contrats*, les indigènes sont admis, quand il leur plaît, à renoncer au bénéfice de leur droit propre; il ne saurait en être de même pour tout ce qui se rattache à *leur état civil*.

Appliquant ce raisonnement à la question en litige, ne peut-on pas soutenir qu'ayant seulement en vue ces conventions ordinaires, qui ne portent que sur des choses qu'il est permis aux parties de régler selon leurs convenances, le § 2 de l'article cité n'a rien à voir dans la matière actuelle?

A ce propos, il n'est pas inutile de rappeler qu'il y a deux manières d'envisager le mariage.

Au point de vue purement civil, le mariage est un contrat sans doute, mais un contrat d'une nature toute spéciale et d'une importance telle qu'il a toujours été régi séparément par nos lois.

Au point de vue religieux, le contrat s'efface, pour ainsi dire, devant l'acte solennel qui, en présence de Dieu, consacre l'union intime des époux et ne s'occupe de leurs intérêts matériels que pour en laisser le soin à la providence elle-même.

Si ce dernier point de vue est celui qui ressort de la loi de Moïse, ce que nous admettons sans hésiter, ne peut-on pas en tirer cet argument qu'il est impossible aux Israélites indigènes de regarder le mariage comme un simple contrat, dont il est facultatif de modifier, à son gré, les conditions et les effets?

Enfin cet argument n'acquiert-il pas un nouveau degré de force, si l'on considère combien le mariage, tel qu'il est constitué par le Code Napoléon, ressemble peu au mariage hébraïque, qui, dans certains cas repoussés par notre législation autant que par nos mœurs, admet la répudiation et la polygamie, non seulement comme un droit, mais encore comme un devoir?

Sans méconnaître l'espèce d'antagonisme qui existe entre les deux paragraphes de l'article 37, reproduits plus haut, nous croyons qu'il y a lieu d'appliquer le vieil adage : *la lettre tue, mais l'esprit vivifie.*

Le système dont nous venons d'analyser les principaux moyens prête à l'ordonnance un sens contre lequel la raison proteste, et qui est démenti par tous les actes législatifs et administratifs intervenus sur la matière depuis la conquête jusqu'à nos jours.

Il ne tend, en effet, à rien moins qu'à faire supposer que, répudiant l'œuvre de l'assimilation déjà si avancée, le législateur de 1842 a voulu que, pour leur état civil, les Israélites indigènes restassent soumis à leurs propres lois, alors même qu'ils y auraient volontairement et formellement renoncé!

Une pareille interprétation est inadmissible et se réfute d'elle-même.

Ce n'est pas avec plus de fondement, à notre avis, qu'on cherche à argumenter des termes de l'ordonnance pour ne pas appliquer au mariage ce qu'elle dit au sujet des contrats.

A cet égard, il ne faut pas perdre de vue qu'interpréter un acte ou une loi, c'est pénétrer la pensée de celui de qui l'acte ou la loi émane et non lui substituer sa pensée personnelle.

Or, s'inspirant des idées nouvelles d'après lesquelles le lien civil est entièrement distinct du lien religieux, le législateur français, quand il a parlé des contrats passés entre les indigènes, a nécessairement compris dans cette dénomination générale le mariage, qui, envisagé au point de vue civil, le seul dont il eût à s'occuper, n'est, en définitive, pas autre chose qu'un contrat, quel que soit, d'ailleurs, le caractère de solennité qui lui appartient en propre.

Cela étant, si, en leur qualité d'indigènes, les Israélites sont présumés avoir contracté entr'eux, selon la loi du pays, *à moins de convention contraire*, comment ne pas trouver la preuve de cette convention, dans le fait même de leur comparution spontanée devant l'officier de l'état civil français, alors qu'ils ont conservé intacte la faculté de faire célébrer leur union suivant le rit mosaïque!

Ceci nous conduit naturellement à revenir, en quelques mots, sur les circulaires adressées aux rabbins.

En traitant la question de pur droit, nous avons vu que ces circulaires se sont produites sous la forme de simples invitations administratives plus ou moins pressantes; qu'elles ont eu pour objet d'amener les Israélites à contracter mariage devant l'autorité française; et qu'elles ont eu pour but d'arriver ainsi graduellement à leur assimilation complète.

Si, au lieu de se borner à de simples invitations, l'admin`i`r ration eût intimé des ordres, nous comprendrions que la célébration du mariage par l'officier de l'état civil étant devenue obligatoire pour les Juifs indigènes, on ne fût pas disposé à en induire la renonciation de leur part au bénéfice de leur statut personnel, un consentement n'étant valable qu'à la condition d'être libre ; mais demeurée facultative, la mesure une fois acceptée, doit évidemment produire, à l'égard des parties, ses conséquences naturelles et prévues d'avance.

Lorsque, comme le disait M. le comte Guyot, dans sa dépêche du 5 juillet 1844, les Israélites ont eu pleine connaissance, par la publication qui en a été faite dans les synagogues, des recommandations réitérées du Gouvernement ; lorsque trente-deux ans d'occupation, les ayant familiarisés avec nos lois, leur ont permis d'en apprécier la supériorité, et qu'il est aujourd'hui de notoriété publique, en Algérie, que la plupart des familles, justement jalouses d'épargner notamment à leurs filles la honte d'une répudiation, exigent qu'elles se marient selon la forme française, qui donc serait bienvenu à prétendre qu'en se soumettant à cette forme, il n'a pas su à quoi il s'engageait au fond ?

Quelque respectables qu'ils soient, les scrupules religieux n'ont rien à faire dans la question.

D'une part, le décret du grand Sanhedrin, du 2 mars 1807, a, depuis longtemps, appris aux Israélites que la célébration du mariage civil, tel qu'il est constitué par le code Napoléon, n'a rien de rigoureusement inconciliable avec les prescriptions de la foi hébraïque.

D'autre part, à moins d'admettre l'existence de res-
trictions mentales, que la conscience réprouve et qui,
par suite, ne sauraient avoir aucune valeur légale, il est
impossible de ne pas voir dans l'acceptation volontaire
de la forme française, l'acquiescement au régime in-
stitué par nos lois.

Les principes énoncés dans la discussion qui précède
ont reçu, de la part de la Cour régulatrice, une consécration formelle dans son arrêt du 16 juin 1852.

Le sommaire de cet arrêt, rapporté par Dalloz (1852,
1, 183) est ainsi conçu :

« L'arrêté du 6 janvier 1819 qui, portant ..... .aul-
» gation de plusieurs codes français dans les ..... sse-
» ments français de l'Inde, déclare que le   .iens
» seront jugés, comme par le passé, su·   · les lois
» et coutumes de leurs castes, ne leur it.....dit pas de
» se soumettre volontairement aux lois françaises.

» Ainsi, le mariage contracté conformément à la loi
» française entre un Indien, sujet français (de Pondi-
» chéry) et une esclave affranchie appartenant à une
» autre nation (l'île Maurice), est valable, si cet Indien
» avait librement accepté la loi française comme son
» statut personnel, encore que la loi hindoue ne per-
» mettrait pas aux Indiens d'épouser des femmes qui
» ne seraient pas de leur caste ou de leur nation. »

Les faits de l'espèce sont d'autant plus intéressants à
connaître qu'ils présentent un grand caractère d'ana-
logie avec ceux qui se rattachent à la question que
nous examinons en ce moment.

Le 21 juin 1819, le sieur Ramastrapoullé, natif de
Pondichéry (colonie française), avait épousé, pendant
son séjour à l'île Maurice, cédée à l'Angleterre en 1811,

la nommée Marie-Louise-Perrine, esclave affranchie, dont il avait eu plusieurs enfants.

Le mariage et la reconnaissance des enfants avaient eu lieu dans les formes et avec toutes les conditions requises par le Code Napoléon, alors encore en vigueur à l'île Maurice.

Revenu à Pondichéry, le sieur Ramastrapoullé y décéda le 12 mai 1841, et le curateur aux biens vacants fut, par arrêt du 22 juin suivant, envoyé en possession de l'hérédité.

Le 21 août de la même année, les femmes Ellamallé et Ponamallé, se disant nièces du défunt, assignèrent le curateur aux fins d'obtenir la délivrance de la succession.

Sur ces entrefaites, les enfants Ramastrapoullé intervinrent et réclamèrent, à leur tour, la succession de leur père.

Les héritiers collatéraux leur opposèrent que le défunt, indien d'une caste particulière, qui n'aurait pas pu épouser une femme d'une autre caste, n'avait pas pu, à plus forte raison, en épouser une qui n'était pas de la même nation que lui.

La validité du mariage attaqué fut d'abord soumise à l'appréciation du tribunal civil de Pondichéry, qui repoussa la demande en nullité.

Mais ce jugement fut infirmé sur l'appel.

Pour justifier sa décision, la Cour de Pondichéry commençait par rappeler que si l'article 170 C. N. disposait que le mariage contracté entre français et étrangers était valable, lorsqu'il avait été célébré dans les formes du pays, ce même article avait eu le soin d'ajouter « pourvu qu'il ait été précédé des publications

» prescrites par l'art. 63, et pourvu que le Français
» n'ait point contrevenu aux dispositions contenues
» au chapitre précédent, lequel a pour titre : des
» qualités et conditions pour pouvoir contracter ma-
» riage » ; qu'il suivait de là qu'un mariage contracté
à l'étranger entre un Français et une étrangère n'était
valable qu'autant qu'indépendamment de l'observation
des formes usitées dans le pays, il n'existait aucun
empêchement à ce mariage, ni aucune incapacité
absolue dans la personne du contractant, ce qui n'était
que la conséquence naturelle du principe posé dans
l'art. 3 C. N., et d'après lequel les lois concernant
l'état et la capacité des personnes, régissent les Français, même résidant en pays étranger.

Ces préliminaires établis, l'arrêt continuait en ces
termes :

« Attendu, que, dans tous les temps, sous la do-
» mination française comme sous celle des Anglais,
» *et même sous celle des Musulmans*, les indiens de
» Pondichéry, comme tous les autres, ont été régis
» par leurs propres lois civiles, et le sont encore, ainsi
» que cela résulte de nombreux arrêtés, ordonnances
» et règlements, notamment du règlement du 22
» février 1777, de l'édit de 1784 et de l'arrêté du
» 6 janvier 1819; que, par conséquent, *et en admet-*
» *tant que les articles 3 et 170 du Code Napoléon*
» *puissent être de quelque application à la cause,*
» RAMASTRAPOULLÉ ÉTANT INDIEN, *c'est à la loi hindoue*
» *et non au chap. 1, livre 1, tit. 5, C. N. qu'il faut*
» *avoir recours pour savoir s'il existait dans la loi*
» *quelque empêchement dirimant au mariage contracté*
» *par lui et l'esclave affranchie Marie-Louise-Perrine,*

» ou quelque incapacité absolue de la part de Ramas-
» trapoullé lui-même. »

L'arrêt se terminait par une longue analyse des
monuments de la loi civile des Hindous, confondue
avec leur loi religieuse, comme chez tous les peuples
primitifs, et arrivait à conclure, par application de
cette loi prohibitive du mariage des Indiens de na-
tions et de castes différentes, à la nullité du mariage,
objet de la contestation.

La Cour de Pondichéry, comme on le voit, s'é-
tait refusée à admettre que la célébration faite par
l'officier de l'état civil, dans les formes et suivant
les conditions de la loi française, eût emporté,
de la part du défunt, sujet français, la renonciation
au bénéfice de sa propre loi pour les effets de son
union.

Les enfants du sieur Ramastrapoullé se pourvurent
contre l'arrêt.

Devant la Cour de cassation, les défendeurs invoquèrent un règlement du 6 janvier 1819, émané
du gouvernement local, que nous croyons utile de
reproduire et dont voici le texte :

« Art. 1er. Les différents codes composant aujour-
» d'hui la législation française (à l'exception du code
» d'instruction criminelle) sont promulgués dans les
» établissements français de l'Inde, pour y avoir leur
» exécution, en tout ce qui n'est pas contraire au
» règlement du 22 février 1777, à l'édit de 1784,
» aux autres édits, déclarations du roi et règlements
» dont l'utilité a été consacrée par l'expérience, les-
» quels continueront d'être observés dans les tribunaux
» de l'Inde, comme lois de localité.

« Art. 2. L'ordonnance de 1690, quant à la pro-
» cédure criminelle, continuera à être suivie.

« Art. 3. *Les Indiens, soit chrétiens, soit maures*
» *ou gentils, seront jugés, comme par le passé, suivant*
» *les lois et coutumes de leurs castes.* «

La situation que cet arrêté maintenait en faveur des
Indiens était, ainsi, la même que celle qui a été
faite aux Israélites indigènes par les ordonnances de
1841 et de 1842.

Les demandeurs en cassation ne méconnaissaient
pas, en fait, que le mariage de leur père était contraire
aux prescriptions de la loi religieuse des Hindous;
mais, entre autres choses, ils soutenaient, en droit,
que, s'étant marié devant l'officier de l'état civil
français, le défunt s'était soumis à la loi française
pour les effets civils de son union; qu'il avait pu et
voulu évidemment le faire.

Son intention, à cet égard, hâtons-nous de le dire,
était d'autant plus manifeste que l'acte de mariage
constatait qu'il avait déclaré reconnaître ses enfants
naturels, pour les faire profiter du bénéfice de la légi-
timation autorisée par le code Napoléon.

Sauf cette dernière circonstance, qui avait sa valeur, sans doute, mais qui ne changeait pas le fond
du droit, la question à juger était donc celle qui nous
occupe maintenant.

La Cour de Cassation la résolut en ces termes:

« Vu les art. 3 C. N. et 170 du même code;

« Attendu que si l'arrêté du 6 janvier 1819, portant
» promulgation de plusieurs codes français dans les
» établissements français dans l'Inde, déclare, par
» son article 3, que les Indiens, soit chrétiens, soit

» maures ou gentils, seront jugés, comme par le passé,
» suivant les lois et coutumes de leurs castes, cette
» disposition, dictée par un sage esprit de tolérance,
» est purement facultative, et n'interdit point aux
» sujets indiens le droit de se soumettre librement et
» volontairement à l'empire des lois françaises et d'en
» recueillir les avantages en en observant les comman-
» dements.

» Attendu que les mariages contractés par des
» Indiens, conformément à la loi civile des Français,
» sont assujettis aux mêmes règles et conditions et
» jouissent des mêmes avantages, que les mariages
» contractés par les autres sujets en obéissant à la
» même loi.

» Attendu qu'il est constaté, en fait, par l'arrêt
» attaqué, que Ramastrapoullé, né à Pondichéry, a
» contracté mariage, en 1819, à Port-Louis (Ile Mau-
» rice), avec Marie-Louise-Perrine, conformément au
» code français en vigueur à l'île Maurice; — que la
» Cour d'appel de Pondichéry, en annulant, comme
» prohibé par la loi des Hindous, le mariage ainsi
» contracté par un Indien, sujet français, qui avait
» librement accepté la loi française comme son statut
» personnel, et en refusant, par suite, aux enfants
» Ramastrapoullé la qualité et les droits d'enfants lé-
» gitimés par mariage subséquent, a faussement appli-
» qué l'art. 3 de l'arrêté du 6 janvier 1819, et
» a expressément violé les lois ci-dessus visées. —
» Casse. »

Saisie d'une question identique par le pourvoi
formé envers l'arrêt du 19 janvier 1860, et récem-
ment admis par la chambre des requêtes, la chambre

civile reviendra-t-elle sur sa décision de 1852, si éminemment conforme aux principes?

Cela nous paraît d'autant moins possible que, dans l'affaire Courcheyia, ainsi que nous l'avons déjà dit, en première instance, comme en cause d'appel, le fait si grave de la célébration du mariage par l'officier de l'état civil français, resté dans l'ombre, a été regardé comme n'ayant qu'une importance secondaire.

Si la partie intéressée avait appelé, sur ce point, l'attention particulière de la Cour; si elle en avait fait l'objet d'un débat distinct, ce dont il valait bien la peine, il est certain pour nous que, dans le cas où la solution n'aurait pas changé, ce qui est douteux, l'arrêt du 19 janvier 1860 ne se serait pas borné à ce motif unique :

« Attendu que le mariage est, en effet, un con-
» trat essentiellement du droit des gens, et que c'est
» précisément parce qu'il en est ainsi, que du fait
» qu'il a été reçu par un officier de l'état civil, on ne
» saurait faire sortir pour l'homme qui l'a contracté,
» une abdication des droits qui résultent d'un statut
» personnel. »

Il est vrai que d'un précédent arrêt rendu, le 16 novembre 1858, il semblait résulter que la Cour s'était déjà prononcée sur la question dans le même sens; mais en traitant des effets civils du mariage, relativement aux biens, nous verrons bientôt que, dans l'espèce du premier arrêt, le fait de la célébration en la forme française n'avait pas, à beaucoup près, le caractère de gravité qu'il avait dans l'affaire Courcheya.

A nos yeux, la Cour n'a certainement pas dit son dernier mot.

Depuis l'arrêt du 19 janvier 1860, la thèse que nous soutenons a été adoptée par deux jugements remarquables, l'un du tribunal d'Alger, en date du 29 juin 1861, l'autre du tribunal d'Oran, en date du 11 mars 1862.

Le jugement de 1861, non attaqué en temps utile, est aujourd'hui passé en force de chose jugée; quant à celui du 11 mars dernier, le délai de l'appel n'étant pas encore expiré, si même il a commencé à courir, nous ignorons le sort qui lui est réservé.

Quoi qu'il en soit à cet égard, obligé de choisir entre les deux décisions qui sont, l'une et l'autre longuement motivées, et qui, ayant adopté le même système, ont naturellement reproduit les mêmes arguments sous des formes différentes, nous allons transcrire, ici, la teneur du jugement le plus récent.

Ce jugement qui a eu, lui aussi, les honneurs mérités d'une insertion *in extenso* dans le *Moniteur de l'Algérie*, du 1er avril courant, présente une particularité qui détermine notre choix.

Émanée du même tribunal qui statuait le 9 janvier 1858, dans l'affaire Courcheyia, la nouvelle décision prouve, d'une manière péremptoire, que, sur la question de droit pur, les juges d'Oran n'ont pas hésité à se ranger à la jurisprudence de la Cour.

Après avoir fait l'historique de la procédure, le tribunal motive, ainsi, son appréciation sur le fond:

« Attendu que les époux Larédo, Israélites indi-
» gènes, se sont unis par les liens du mariage devant
» l'officier de l'état civil de la commune d'Oran,
» le 5 mars 1852, et qu'antérieurement, ils avaient

» réglé leurs conventions matrimoniales suivant
» contrat passé devant M* Carité, notaire en la
» même ville, le 3 du même mois;

» Attendu que, quoique la femme Larédo ait dé-
» claré consentir au divorce, son consentement con-
» duit, tout aussi bien que les conclusions reconven-
» tionnelles de son mari, à examiner la question
» de savoir si leur mariage doit être régi par la
» loi hébraïque, nonobstant la célébration qui en a été
» faite devant un officier de l'état civil français, et
» que, par suite, on ne saurait autrement s'arrêter
» à ses dernières conclusions;

» Attendu que l'article 37 de l'ordonnance de 1842,
» dont excipe Laredo, contient, entr'autres paragra-
» phes, les deux dispositions suivantes :

» Premièrement, que les indigènes sont présumés
» avoir contracté entr'eux, selon la loi du pays, à
» moins qu'il n'y ait convention contraire, et secon-
» dement, que les contestations entre indigènes, re-
» latives à l'état civil, seront jugées conformément à
» la loi religieuse des parties;

» Attendu que la loi religieuse des Israélites indi-
» gènes est en même temps leur loi civile; que
» l'une et l'autre ne sont qu'un seul et même texte;
» qu'elle est pour eux la loi du pays, et que si,
» aux termes de la première disposition qui précède,
» ils sont libres de renoncer à cette même loi, il
» est bien évident qu'ils ne doivent pas pouvoir, le
» cas de renonciation échéant, invoquer le bénéfice
» de la seconde;

» Qu'il s'agit de rechercher si, en se présentant
» volontairement devant l'officier de l'état civil

» d'Oran et après avoir rempli toutes les formalités
» qu'exige la loi française pour l'accomplissement du
» mariage, les époux Larédo ne doivent pas être
» présumés avoir contracté mariage contrairement à la
» loi du du pays;

   » Attendu que s'il est certain et hors de doute
» que les Israélites indigènes de l'Algérie ne sont
» pas citoyens français, il est tout aussi certain
» qu'aucune disposition législative de la colonie ne
» les range dans la classe des étrangers ; que, d'après
» ces mêmes dispositions, ils forment avec les Mu-
» sulmans la catégorie dite des indigènes, et que,
» dès lors, c'est comme indigènes soumis à la France
» et non comme étrangers qu'ils doivent être ap-
» préciés.

   » Attendu que quand un étranger vivant sur le
» territoire français se marie devant l'officier de l'état
» civil du lieu où il demeure, il est bien évident
» que n'ayant pas eu la faculté de choisir, il ne
» peut pas être présumé avoir fait abnégation de son
» statut personnel, et que son mariage, quoique
» célébré en France et, suivant les formes françaises,
» n'est pas moins régi par les lois de son pays.

   » Mais qu'il ne saurait en être de même pour les
» indigènes de l'Algérie, qui se marient devant les
» officiers de l'état civil français; qu'à la différence
» de l'étranger, les indigènes ont dans leur pays
» leurs lois et leurs ministres, que leurs lois reçoi-
» vent dans les cas déterminés une pleine et entière
» exécution, et que si, *nonobstant la position parti-*
» *culière qui leur est faite et la faculté qu'ils ont*
» *de pouvoir contracter entr'eux d'après leurs lois et*

« *leurs usages*, ils croient plus utile à leurs intérêts
« de recourir à la loi française, il serait illogique
« et contraire à l'ordre public du pays que leur
« mariage ne fût pas régi par la loi de leur choix;

« Qu'en vain objecte-t-on de l'art. 37 de l'ordonnance
« de 1842 pour dire que, dans tous les cas, les contes-
« tations relatives à l'état civil des indigènes, doivent
« être jugées conformément à leurs lois religieuses;
« que sa disposition est formelle, qu'elle ne distingue
« pas, et que n'ayant été abrogée par aucune loi
« postérieure, elle doit être exécutée dans son entier;

« Attendu que si un texte de loi est évidemment
« en contradiction avec l'esprit qui l'a dicté, c'est
« bien celui qui se présente, et qu'on ne compren-
« drait pas le législateur de 1842, s'il avait entendu
« soumettre l'état civil des indigènes à leurs propres
« lois dans tous les cas, et quand même ceux-ci y
« auraient renoncé formellement;

« Que telle n'a pas pu être sa pensée et qu'on en
« trouve la preuve dans les mesures qui ont été prises
« ultérieurement vis-à-vis des indigènes, tant pour les
« obliger de faire, à la mairie de leur arrondissement,
« la déclaration des naissances et des décès qui sur-
« venaient chez eux, que *pour les inviter à contracter*
« *mariage devant les officiers publics français;*

« Qu'en effet, il y aurait inconséquence à ce que
« les indigènes fussent engagés à donner à leur état
« civil une transformation française, et que, d'autre
« part et nonobstant leur adhésion, ils fussent tenus
« de rester sous l'empire d'une loi qu'ils auraient
« abandonnée et qui n'aurait pas été assez puissante
« pour les retenir;

» Qu'on ne saurait voir dans les sages prescrip-
» tions dont il vient d'être parlé, de simples mesures
» de police; que le mariage, notamment, est un acte
» beaucoup trop solennel pour qu'une pareille consi-
» dération puisse lui être appliquée, et que, d'un
» autre côté, ce serait méconnaître entièrement l'es-
» prit du législateur que de supposer que c'est à un
» besoin seul de surveillance que les prescriptions dont
» il s'agit doivent être attribuées;

» Qu'il faut y voir, au contraire, quelque chose de
» plus élevé et surtout de plus utile à la colonie; que
» le moyen certain d'arriver à l'assimilation complète
» des races qui vivent dans le pays, est de n'avoir qu'un
» seul état civil et qu'une seule loi, et que ce ne serait
» pas en repoussant les indigènes qui viennent vers
» nous que ce résultat serait obtenu; que, par suite
» des considérations qui précèdent, il faut reconnaître
» que l'intention des époux Larédo, contractant ma-
» riage devant l'officier de l'état civil d'Oran, a été de
» renoncer à leur statut personnel pour se soumettre
» à la loi française et en faire dépendre exclusivement
» leur union conjugale;

» Et que le cas de divorce n'étant pas prévu par
» cette dernière loi, c'est donc inutilement que Larédo
» a pris ses conclusions reconventionnelles et qu'il doit
» être déclaré non-recevable. »

Nous n'ajouterons rien à cette argumentation qui est
un résumé complet de la matière.

Mais étant posé le principe que les mariages des
Israélites indigènes, célébrés devant l'officier de l'état
civil, doivent être régis par la loi française, il reste à
examiner quelles sont les conséquences qui découlent

de ce principe, relativement aux personnes et aux biens des époux,

Insusceptible de longs développements, cet examen n'est pourtant pas sans intérêt.

En ce qui concerne les personnes, il n'y a qu'un mot à dire.

Tandis que la loi de Moïse autorise la polygamie; tandis qu'elle conseille et ordonne même au mari de répudier sa femme, lorsqu'elle est stérile ou qu'elle ne lui donne pas d'héritiers mâles, et à la femme de faire annuler son union pour cause d'impuissance du mari; la loi française, relevant la dignité du mariage et prévenant des débats dont l'incertitude aggrave le scandale, punit la polygamie comme un crime; n'admet, dans aucun cas, la rupture du lien conjugal; et, si la vie commune devient impossible, se contente d'assurer à l'époux outragé le refuge de la séparation de corps qui laisse la porte toujours ouverte à la réconciliation et au rapprochement.

En ce qui concerne les biens, il y a une question délicate à résoudre.

Le code Napoléon reconnaît deux sortes de régimes : le régime dotal et celui de la communauté.

A défaut de contrat ou de stipulations contraires, ce dernier régime est présumé, de droit, avoir été choisi par les époux (art. 1393).

D'autre part, les articles 1394 et 1395 disposent que toutes conventions matrimoniales doivent être rédigées, *avant le mariage,* par acte *devant notaire* et ne peuvent recevoir aucun changement après la célébration.

Dans la législation hébraïque le régime de la communauté est tout-à-fait inconnu; l'état de dépendance et d'infériorité dans lequel cette législation place la femme ne permettait pas qu'il en fût autrement; le régime dotal n'est pas seulement de droit commun, il est de droit exclusif.

Pour les Israélites, il n'y a pas d'union régulière sans la *Ketouba*, qui, généralement rédigée par les rabbins, est moins un contrat de mariage dans le sens de la loi française, qu'une partie intégrante et sacramentelle de l'acte religieux, ce que le caractère essentiellement religieux de la loi de Moïse suffit pour expliquer.

La pratique confirme cette vérité.

Ils sont nombreux, de nos jours, les Juifs algériens qui, par un acte de pleine adhésion à nos lois, font dresser, par un notaire, leurs conventions matrimoniales avant de se présenter devant l'officier civil, et cependant il n'en est point qui ne reçoivent leur ketouba, complément indispensable du mariage religieux.

Pour ceux-là, sans doute, la question de savoir quel est le régime auquel leur union est soumise ne peut soulever aucune difficulté, puisque le contrat notarié l'a d'avance et définitivement résolue.

Mais, en l'absence de ce contrat, que faudra-t-il décider?

C'est ici que surgit une difficulté sérieuse.

Que la ketouba ait été dressée avant ou après la célébration du mariage, l'application rigoureuse du code Napoléon ne doit-elle pas avoir nécessairement pour résultat d'imposer aux Israélites indigènes un régime profondément antipathique à leurs idées, à leurs mœurs, contraire à leurs traditions constantes et repoussé par leur loi religieuse?

Ne peut-on pas soutenir, en effet, que l'article 1391

exigeant impérieusement que les conventions matrimoniales soient rédigées devant notaire, la validité de la
ketouba, considérée comme contrat de mariage, ne
pourrait être reconnue que si, à l'égal des cadis, les
rabbins avaient le pouvoir qu'ils n'ont certainement pas
aujourd'hui, d'imprimer l'authenticité à leurs actes.

Nous avons vu, dans l'historique, qu'aux termes de
l'art. 43 de l'ordonnance du 10 août 1834, les tribunaux rabbiniques n'ayant plus que la connaissance des
contestations engagées au sujet des mariages et des
répudiations, avaient conservé, d'une manière générale,
le droit de concilier les Israélites qui se présentaient
volontairement et de *constater entre eux toutes conventions civiles.*

Emprunté, dans son principe, aux dispositions de
l'art. 54 du code de Procédure civile, ce droit qui assi-
milait les *tribunaux rabbiniques* aux juges de paix
procédant comme conciliateurs, était-il de nature à
conférer à ces tribunaux indigènes capacité suffisante
pour dresser des actes *authentiques* et notamment des
contrats de mariage?

Nous ne le pensons pas et nous puisons, à cet égard,
notre principal argument dans la rédaction même de
l'article que nous venons de citer et qui porte : « Les
» conventions des parties insérées au procès-verbal,
» ont force d'*obligation privée.* »

Nous n'insisterons pas sur un point qui est presque
sans importance depuis l'ordonnance du 28 février 1841
qui, en prononçant la suppression complète des
tribunaux rabbiniques, a interdit aux rabbins toutes
attributions autres que celles de donner leur avis sur
les contestations relatives à l'état civil des Israélites e

de statuer sur les infractions à la loi religieuse, lorsque, d'après la loi française, elles ne constituent ni crime, ni délit, ni contravention.

Par un de ces arrêts qui font jurisprudence, la Cour a décidé, le 20 mai 1851, que les actes reçus par les rabbins postérieurement à l'ordonnance ci-dessus rappelée, sont nuls, non-seulement comme actes authentiques (art. 1317, c. Nap.), mais encore comme actes sous signature privée, s'ils ne sont pas revêtus de la signature des parties (art. 1318).

La ketouba étant écartée, en droit, comme ne satisfaisant, dans aucun cas, aux conditions prescrites par la loi française, les époux ne tombent-ils pas, *ipso facto*, sous l'empire de la disposition qui, à défaut de stipulations contraires, les soumet au régime de la communauté ?

A notre connaissance du moins, la question n'a été soumise qu'une fois à l'appréciation de la Cour, c'était en 1858.

En 1847, le sieur Valensy, négociant à Mostaganem, avait épousé la demoiselle Messaouda Amar, Israélite indigène comme lui.

Le mariage avait été célébré devant l'officier de l'état civil et l'acte rabbinique, *dressé après la célébration*, mentionna, comme d'usage, l'adoption par les époux du régime dotal, tel qu'il résulte de la loi de Moïse.

La dame Valensy étant décédée le 23 mars 1857, une de ses sœurs, la dame Mardochée de Moïse Amar, appelée à recueillir une part de la succession, soutint que l'union des époux Valensy était régie par la loi française, soit en vertu des principes généraux de la matière, soit à raison du fait spécial de l'intervention de l'officier de l'état civil; elle soutint, par voie de conséquence, qu'en vertu des art. 1394 et 1395 du code Nap. déjà cités, l'acte rabbinique, nul pour cause de tardiveté, ne pouvait servir de base au partage, et qu'avant de s'occuper de la succession et pour en fixer la consistance, il y avait lieu, préalablement, de liquider la *communauté légale* qui avait existé entre les époux.

La demande de la dame Mardochée de Moïse Amar fut d'abord repoussée par le tribunal de Mostaganem.

Sur l'appel, le jugement fut confirmé par un arrêt du 16 novembre 1858.

Après avoir sommairement combattu le moyen tiré de la prétendue assimilation des Israélites indigènes, dont elle avait fait justice dans son arrêt solennel du 20 janvier 1857, et après avoir refusé d'attribuer à l'intervention de l'officier de l'état civil, le caractère et les effets signalés par l'appelante, en s'appuyant sur un ordre d'idées que l'arrêt rendu dans l'affaire Courcheyra devait, plus tard, reproduire, la Cour, arrivant au cœur de la contestation, motiva sa décision en ces termes:

« Considérant qu'en l'état, on ne saurait s'arrêter » à l'examen des dispositions relatives au mariage des » Israélites et qui sont postérieures au mariage dont » s'agit au procès, qui est de 1847; qu'il est égale- » ment inutile de s'arrêter à la question de savoir si, » conformément à la coutume constante de la popu- » lation israélite, le contrat dans lequel sont fixées » les conditions du mariage, et par lequel les époux » se marient sous le régime dotal, a été préalablement

» dressé ou s'il ne l'a été que depuis ; *que la question*
» *du procès est, en effet, celle de savoir si le régime*
» *dotal est de droit commun aux termes de la loi de*
» *Moïse.*

» Considérant que l'affirmative à ce sujet ne saurait
» faire l'objet d'un doute sérieux ; que toutes les dis-
» positions de cette loi sont d'accord pour consacrer
» le régime dotal comme étant le seul qui doive servir
» de base au mariage entre Israélites ; qu'il s'en suit
» que c'est sous ce régime, qu'en l'absence de toute
» stipulation contraire, le mariage qui a donné nais-
» sance au procès a eu lieu ; qu'il s'ensuit encore
» que l'appelante ne saurait être fondée à invoquer
» les dispositions du cod. Nap. à l'appui de la demande
» qu'elle fait, aux fins de liquidation et partage de
» la communauté qu'elle prétend avoir existé entre
» Messaouda Amar et David Valensy. »

Envisagée par l'arrêt au point de vue purement
israélite, la question litigieuse ne pouvait pas être
résolue autrement.

Est-ce à dire qu'en changeant le point de départ,
la solution doive changer aussi ?

Nous sommes loin de le penser et le moment de
conclure étant venu, nous allons le faire aussi briève-
ment que possible.

Lorsque le législateur de 1804 fut appelé à régle-
menter la matière importante du mariage, il trouva
la France divisée en deux camps. Sauf quelques rares
exceptions, les pays de droit écrit n'admettaient que
le régime dotal, et le régime de la communauté était
seul reconnu dans les pays de droit coutumier.

Comprenant le danger qu'il y aurait eu à heurter

les usages et les traditions qui avaient si longtemps présidé à la constitution des familles, le législateur maintint les deux régimes en laissant, d'ailleurs, aux futurs époux, la plus grande liberté dans le règlement de leurs conventions matrimoniales.

Obligé, pour compléter son œuvre, de prévoir le cas où, pour un motif quelconque, les parties n'auraient pas arrêté la loi de leur union, il dut songer à créer *une loi commune*, dont elles seraient présumées avoir fait choix par leur silence même.

Plusieurs raisons le déterminèrent à donner la préférence au régime de la communauté, qui, entr'autres mérites, avait celui d'être plus conforme aux idées nouvelles.

Si telle est, sur la matière, l'économie du code Nap., et le doute n'est pas permis à cet égard, le système qui était soutenu dans l'intérêt de la dame Mardochée de Moïse Amar, ne nous paraît pas admissible; la justice et l'équité s'accordent à le repousser.

Ainsi que nous venons de le voir, le code ne soumet les époux au régime de la communauté légale, devenue le droit commun, que parce qu'il y a, de leur part, à défaut de stipulations écrites, présomption d'acceptation de ce régime.

Lorsque le régime dotal est, d'après la législation hébraïque, non-seulement de droit commun, mais encore de droit exclusif, concevrait-on qu'on pût y soustraire les Israélites indigènes en leur prêtant une intention impossible, ou plutôt au mépris d'une intention contraire manifestée par un acte aussi solennel que la Ketouba ?

Mais, on objecte qu'aux yeux de la loi française,

cet acte est sans valeur aucune et doit, dès-lors, être considéré comme n'existant pas.

A cela nous répondons, qu'en admettant que l'invalidité ou l'insuffisance d'une convention, quant à la forme, fasse disparaître légalement et complètement la preuve de la volonté que les parties y avaient consignée, il faudrait, pour que l'objection fût décisive, que le droit interdît de chercher, au besoin, les élémens de cette preuve en dehors de la Ketouba.

Or, le Code Napoléon, dont on s'empare si rigoureusement, ne prononce pas d'interdiction semblable.

Nous avons déjà vu que, malgré son caractère propre, le mariage civil est, en définitive, un contrat, qui résulte du fait même de la célébration.

L'adoption du régime auquel les époux soumettent leurs biens, n'est qu'une stipulation accessoire du contrat principal qui consacre l'union des personnes.

Cela étant, l'article 1160 du Code Napoléon tranche, à notre avis, la difficulté.

« On doit suppléer dans le contrat, dit cet article, « les clauses qui y sont d'usage quoiqu'elles n'y soient « pas exprimées. »

L'application de ce texte ne se fait-elle pas d'elle-même, alors qu'il est constant que, pour les Israélites indigènes, le régime dotal est seul en usage, seul reconnu par leur loi religieuse, seul compatible avec l'organisation de la famille de par Moïse!

Si la rigueur du droit contrariait la solution adoptée par l'arrêt du 16 novembre 1858, ce que nous nions, l'équité devrait suffire pour en assurer le maintien.

S'inspirant aux sources de la raison écrite, qui a depuis longtemps proclamé cette maxime toujours vraie, *summum jus, summa injuria*, les magistrats ne permettront jamais que la bonne foi des parties soit violée dans une matière où il est si important de la respecter.

Nous pouvons donc tenir pour certain que, dans les rapports des époux entr'eux ou à l'égard de leurs ayants-cause respectifs, le mariage des Israélites indigènes célébré devant l'officier de l'état civil demeure, en l'absence de stipulations contraires, soumis, pour les biens, au régime dotal, tel qu'il est constitué par la législation hébraïque.

Nous ne terminerons pas, sans dire un mot de l'influence que la loi du 10 juillet 1850 est appelée à exercer sur la question que nous venons de traiter.

En astreignant les futurs époux à l'obligation de déclarer, au moment de la célébration, s'il a été fait un contrat de mariage; et dans ce cas, d'indiquer la date du contrat, ainsi que les noms et lieu de résidence du *notaire* qui l'a reçu, cette loi a eu pour but et pour résultat de protéger les tiers contre ces surprises dont une longue expérience avait signalé les graves dangers.

Est-elle applicable aux Israélites mariés d'après les formes françaises?

Prise à la lettre, sa rédaction pourrait en faire douter; mais nous n'hésitons pas à nous ranger à l'opinion affirmative, parce qu'ici, dans le doute même, c'est l'intérêt des tiers qui doit l'emporter.

DEUXIÈME PARTIE.

DES SUCCESSIONS.

Il s'en faut de beaucoup que la matière des successions soit aussi importante que celle du mariage ; aussi ne fera-t-elle l'objet que d'une discussion sommaire, avec d'autant plus de raison qu'elle ne soulève, à vrai dire, aucune difficulté sérieuse.

La seule question à examiner est celle de savoir quelle est la loi qui régit la succession de l'Israélite indigène.

Cette question est résolue selon nous par l'article 37 de l'ordonnance du 26 septembre 1842, dont nous avons si souvent parlé et d'après lequel les contestations relatives à l'état civil des Juifs algériens et les conventions passées entr'eux sont régies par la loi de Moïse.

Indépendamment du système que nous connaissons déjà et qui professe, d'une manière absolue, que, depuis la conquête, les Israélites indigènes n'ont cessé d'être soumis à la loi française, il s'est produit un autre système moins radical, qui, malgré la généralité des termes de la disposition ci-dessus rappelée, tend à établir qu'elle ne s'applique plus aux successions, si tant est qu'elle s'y soit jamais appliquée.

Ayant eu l'occasion de réfuter le premier système en traitant du mariage, nous allons discuter le second.

Est-il vrai, d'abord, comme on le soutient pour les successions immobilières, qu'elles échappent à l'application de l'ordonnance et tombent sous celle de l'article 3 du Code Napoléon ?

« Les immeubles, dit cet article, même ceux pos-
» sédés par des *étrangers* sont régis par la loi
» française. »

En disposant ainsi, le législateur s'est proposé un double but.

Voici comment M. Demolombe s'exprime à ce sujet :

« D'une part, dit le savant professeur, la nationa-
» lité est dans le sol comme dans le sang des habi-
» tants ; le territoire est français, comme les personnes
» sont françaises ; et on ne pouvait pas, sans porter
» atteinte à l'indépendance et à la souveraineté na-
» tionales, le soumettre à des lois étrangères. D'autre
» part, l'application de toutes ces lois diverses, con-
» traires souvent les unes aux autres, ignorées d'ail-
» leurs des citoyens et des magistrats, n'eût été
» qu'une source de confusion et de désordre. »

En l'état surtout des développements dans lesquels nous sommes entré lorsqu'il s'est agi de définir la situation particulière des Israélites indigènes, nous n'aurons pas de grands efforts à faire pour démontrer que l'article 3 du Code Napoléon ne saurait les atteindre sous aucun de ses points de vue.

A la rigueur, nous pourrions, d'un seul mot, écarter ce texte qui, en déclarant que les immeubles, possédés même par des étrangers, sont régis par la loi française, est évidemment inapplicable aux Juifs algé-
riens, qui ne sont ni des citoyens français, ni des étrangers.

Mais il n'est pas moins facile de prouver que les

hautes considérations qui ont déterminé le législateur n'ont rien à faire ici.

Lorsqu'obéissant spontanément à cette générosité, qui fait partie du génie de la nation, le gouvernement français a, par la capitulation du 5 juillet 1830, maintenu les indigènes, Israélites et Musulmans, dans la pleine possession de leurs lois et coutumes, il est évidemment impossible de voir dans ce fait une atteinte portée à l'indépendance et à la souveraineté nationnales.

Le désordre et la confusion résultant de l'application de lois diverses, souvent contraires les unes aux autres, et, d'ailleurs, *ignorées des citoyens et des magistrats*, ne sont pas à craindre en Algérie, notamment en ce qui concerne les Israélites.

Par leur expérience personnelle, par les avis qu'ils doivent, dans certains cas, et qu'ils peuvent toujours demander aux rabbins, les magistrats ont une connaissance parfaite de la législation qui leur est soumise.

Quant aux simples citoyens, ils ont d'autant moins à redouter les surprises que l'ignorance de la loi de Moïse pourrait entraîner à leur encontre, qu'aux termes du § 4 de l'art. 37 de l'ordonnance de 1842, littéralement extrait de l'ordonnance de 1834, *dans les contestations entre Français ou étrangers et indigènes, la loi française ou celle du pays est appliquée selon la nature de l'objet en litige, la teneur de la convention, et à défaut de convention, selon les circonstances ou l'intention présumée des parties.* Il eût été vraiment difficile de mieux témoigner du désir qu'avait le législateur de ménager les divers intérêts engagés dans la colonie.

Le principal vice du système qui crée une sorte de conflit entre le code Napoléon et l'ordonnance faite pour l'Algérie, réside en ce qu'il ne tient pas suffisamment compte de l'influence que les lois spéciales exercent sur la loi commune.

Lorsque, comme dans l'espèce, il existe une réglementation particulière, on ne peut être autorisé à revenir au droit commun, que lorsqu'il est bien démontré que cette réglementation particulière, qui est présumée tout comprendre, a laissé le cas à résoudre en dehors de ses prescriptions.

Il faut, dans cette matière plus qu'en toute autre, s'abstenir de ces arguties qui, sous prétexte d'interpréter une disposition législative, ne font qu'en dénaturer le sens.

C'est ainsi, par exemple, qu'à l'aide des distinctions plus ou moins subtiles que la doctrine a, de tout temps, établies entre le *statut réel* et le *statut personnel*, sans être encore parvenue à s'entendre, il ne faut pas essayer de donner le change sur la signification, aussi simple que naturelle, des expressions employées par l'art. 49 de l'ordonnance de 1842, où il est parlé de contestations relatives à *l'état civil* des Israélites.

Lorsque le gouvernement français a, dès les premiers jours de la conquête, déclaré, avant tout, qu'il ne serait porté aucune atteinte à la religion musulmane, ni à celle des habitants de toutes les classes, ce qui comprenait nécessairement les Juifs algériens; lorsque, sur ce point, sa légitime préoccupation ne s'est jamais démentie; à qui persuadera-t-on qu'il n'a pas entendu protéger complètement l'état civil des Israélites, si intimement lié à leur loi religieuse; et sera-ce par ce qu'il y aurait quelque chose à reprendre grammaticalement dans la rédaction de tel ou tel article de ces ordonnances, qui n'ont pas eu à subir l'épreuve salutaire d'une discussion contradictoire, qu'on croirait pouvoir scinder des promesses solennelles faites sans réserves et sans conditions?

Énoncer une pareille proposition, c'est la juger.

Si, à quelque point de vue qu'on se place, l'article 3 du code Napoléon n'a rien à faire dans le règlement des successions immobilières des Israélites, que faut-il décider au sujet des successions mobilières?

A cet égard, le système que nous combattons a un moyen spécial qui consiste à soutenir qu'en qualité D'ÉTRANGERS *autorisés implicitement à établir leur domicile en Algérie*, les Israélites indigènes jouissent de tous nos droits civils et que, par suite, même pour les meubles, leur droit successoral s'exerce sous l'empire du droit commun.

Cette argumentation n'est pas sérieuse et elle prouve, une fois de plus, le danger du raisonnement qui s'écarte de la réalité des faits.

Vouloir assimiler les anciens habitants du pays, maintenus dans la pleine possession de leurs lois et coutumes, à de simples étrangers implicitement autorisés à établir leur domicile en Algérie et admis, à ce titre, à la jouissance de nos propres lois, c'est élever une prétention qui ne se discute pas!

Disons seulement, pour résumer notre pensée, que si les Israélites indigènes sont moins que des citoyens français, ils sont plus que des étrangers.

Jusqu'à présent, nous n'avons examiné que la première branche du système tendant à établir que l'article

37 de l'ordonnance de 1842 n'a jamais été applicable aux successions. Examinons maintenant la seconde, d'après laquelle, en ce qui a trait à la matière, l'ordonnance, eût-elle été originairement applicable, serait, aujourd'hui, abrogée.

A l'appui de ce moyen subsidiaire, on cherche à se prévaloir de certaines dispositions insérées dans la loi du 16 juin 1851, sur la nouvelle constitution de la propriété en Algérie.

On invoque, d'abord, l'article 4 dont le 1er §, seul intéressant à connaître, est ainsi conçu :

« Le domaine de l'état se compose :

» 1° Des biens qui, en France, sont dévolus à » l'état, soit par les articles 33, 539, 541, 713, 723, » Code Napoléon et par la législation sur les épaves, » *soit par suite de déshérence en vertu de l'article 768* » *Code Napoléon, en ce qui concerne les Français et* » *les étrangers*, ET EN VERTU DU DROIT MUSULMAN, EN » CE QUI CONCERNE LES INDIGÈNES. »

Que prouve le silence gardé par ce texte au sujet des Israélites ?

A-t-il suffi, comme on le prétend, pour abroger l'ordonnance et soumettre les successions juives au droit commun ?

En matière d'abrogation, on est beaucoup plus exigeant. Au surplus, si la loi de 1851 n'a pas parlé de la déshérence, comme d'un moyen pour le domaine de l'État d'acquérir des biens d'origine israélite, c'est par la raison aussi simple que péremptoire que la loi de Moïse n'admet pas la déshérence.

Loin donc de prouver qu'un changement a eu lieu dans la législation propre aux Juifs algériens, la disposition dont on excipe en est une nouvelle confirmation.

L'article 16 que l'on invoque encore, quoique offrant un argument spécieux, n'est, en définitive, pas plus favorable au système adverse.

« Les transmissions de biens de *musulman à musulman*, dit cet article, continueront à être régies par la loi musulmane. — *Entre toutes autres personnes, elles seront régies par le code Napoléon.* »

Produit devant le tribunal d'Alger, lors du jugement rendu, le 5 novembre 1859, dans l'affaire du sieur Joseph-Raphaël Zermati, cet argument a été réduit à sa juste valeur en des termes que nous nous contenterons de transcrire ici.

« Attendu, dit le tribunal, que s'il est vrai que l'art. 16 porte que les transmissions de biens de musulman à musulman continueront à être régies par la loi musulmane; et que celles entre toutes autres personnes seront régies par le code Napoléon; il n'est pas exact de soutenir que cette disposition doit être prise dans le sens le plus absolu et doit comprendre toutes les transmissions de biens à quelque titre et dans quelque circonstance qu'elles puissent avoir lieu;

» Que, loin de là, il résulte de l'ensemble de ladite loi, que le législateur n'a entendu, quelque générique que soit l'expression dont il s'est servi, s'occuper, quant auxdites transmissions, que de celles qui seraient le résultat d'une négociation et d'une convention; que ce qui le prouve notamment, c'est le texte même de l'art. 17 de ladite loi;

» Attendu, au reste, que si l'on considère que l'or-

» donnance de 1842 est la loi organique sur la matière
» en Algérie, nul ne pourra admettre que l'un de
» ses principes fondamentaux ait pu être renversé par
» l'insertion dans une loi postérieure d'un mot auquel,
» par des motifs plus ou moins intéressés, on voudra
» donner une acception plus ou moins étendue ; qu'il
» s'agit, en effet, dans l'ordonnance de 1842 d'un
» statut personnel auquel il ne pourrait être porté at-
» teinte que par des dispositions nettes et précises ; que
» cela n'ayant pas eu lieu, la loi de 1851 ne saurait
» être d'aucune influence dans la contestation. »

De tout ce qui précède, il résulte qu'applicable aux
successions juives, mobilières ou immobilières, l'article 37 de l'ordonnance de 1842 est encore, aujour-
d'hui, en pleine vigueur.

C'est ainsi que l'a décidé la Cour par un arrêt du
25 janvier 1855, qui, remarquable à plus d'un titre,
est un excellent résumé des principes qui régissent la
matière.

En voici la teneur :

« Attendu que le procès offre à juger si la suc-
» cession du mineur Zerapha, fils unique de feu
» Samuel Zerapha, revient à la demoiselle Muzzeltoub,
» sa mère, aujourd'hui épouse Azerbab, ou bien à Sa-
» lomon Zerapha, son aïeul paternel ;

» Attendu que, pour résoudre cette question, en
» droit, il faut vérifier et constater, en fait, quelle est
» la nationalité et la religion, c'est-à-dire l'état civil ou
» statut personnel du mineur ou des réclamants, leur
» statut réel en devant dépendre comme l'effet de la
» cause ;

» Et attendu qu'il est reconnu de toutes parties que

» le procès s'agite exclusivement entre indigènes algé-
» riens, qui vivent ou sont morts en professant le
» judaïsme;

» Attendu, d'un autre côté, que la loi mosaïque (au
» livre des *Nombres*, ch. 27, §§ 8, 9, 10 et 11) défère
» la succession de celui qui décède sans postérité di-
» recte, d'abord au père ou à l'ascendant survivant, et
» à leur défaut, au collatéral consanguin le plus proche,
» à l'exclusion absolue et définitive de la mère, sur-
» tout de la mère qui a convolé avec un individu
» étranger à la famille : *Ne*, ajoute le même livre
» (ch. 36 et §§ 4, 7 et 9), *ne commiscatur possessio*
» *filiorum Israel de tribu in tribun, sed ita manent est,*
» *come jubilicis, id est quinquagesimum cennum remis-*
» *sionis advenuit non confundatur fatium distributio, et*
» *aliorum possessio ad alios transeat;*

» Attendu qu'il est fâcheux et regrettable, sans
» doute, que les prescriptions édictées en vue du
» jubilé, et pour prévenir l'inégalité des fortunes dans
» les familles, et le mélange des tribus dans l'État,
» aient survécu à leur principe et continué à prévaloir
» sur les droits du sang, longtemps après qu'il n'y
» a plus eu ni jubilé, ni tribus, ni royaume d'Israël;
» mais que c'est le devoir et l'honneur du juge
» d'appliquer même la loi qu'il désapprouve, et que
» celle-ci a passé de l'écriture sainte dans le code
» rabbinique; qu'elle est, de plus, rappelée dans les
» règlements sur le culte israélite du grand rabbin
» Simon ben Simah Durand, lesquels, depuis 1520,
» obtiennent force de loi dans la province d'Alger;
» qu'elle doit donc être observée, s'il n'y a pas été
» dérogé par la législation postérieure à la conquête;

» Et attendu que, loin de là, elle semble avoir reçu
» une sanction nouvelle de l'art. 37 des ordonnances
» du 28 février 1841 et 26 septembre 1842;

» Que cet article, il est vrai, ne la désigne pas
» nominativement, mais qu'il dispose que « les contes-
» tations entre Indigènes, relatives à l'état civil, seront
» jugées d'après la loi religieuse des parties; » que
» cette disposition équivaut à une consécration directe
» par la raison que le statut réel est une conséquence
» nécessaire de l'état civil, nul ne pouvant réclamer
» des droits autres que ceux que lui assure son état
» civil, et le droit de recueillir une succession étant
» de ce nombre (C. N., 25);

» Qu'ainsi, pour échapper à la rigueur de ce prin-
» cipe, la dame Edjerha a réclamé la qualité de la
» mère française, la présomption étant, a-t-on dit
» dans la défense, qu'en se mariant, elle a entendu
» suivre la loi qui lui était la plus avantageuse, et que
» Salomon Zerapha s'est hâté de combattre cette pré-
» tention, en excipant qu'elle s'était mariée selon le
» rit rabbinique et non devant un officier de l'état
» civil; mais que les lois concernant l'état et la capa-
» cité des personnes, ne sauraient, comme de simples
» engagements synallagmatiques, être atteintes par la
» forme des actes ou l'intention, légèrement présumée,
» des parties contractantes; que la forme des actes
» est réglée par la loi du lieu où ils sont passés (art.
» 18 et 999 du code N.); tandis que les capacités
» qu'un individu reçoit de l'État où il voit le jour le
» saisissent à sa naissance, s'identifient à son être;
» qu'enfin, loin de subir aucune influence étrangère,
» ce sont elles, au contraire, qui font plier les lois

« des autres peuples à leurs exigences (art. 3, C. N.);

« Que, sans doute, on peut répudier son état civil,
« comme tout autre avantage personnel; mais que
« cette répudiation ne saurait être présumée qu'autant
« qu'elle résulte d'actes et de faits qui l'emportent né-
« cessairement; attendu que l'appelante ne s'en est
« permis aucun de cette nature... »

Après avoir fixé le sort des successions *ab intestat*
des Israélites indigènes, la Cour a eu, plus tard, à
résoudre une question accessoire se rattachant aux
successions testamentaires.

Dans l'espèce, le sieur Samuel Levy Abéniöli, *Israélite indigène,* était décédé à Oran, le 1er mai 1860,
en l'état d'un testament sous signatures privées, ré-
digé *en la forme rabbinique.*

Un sieur Schlomo Levy, parent du défunt et frustré,
sans doute, par ses dispositions dernières, en pour-
suivit l'annulation devant le tribunal civil d'Oran.

Un jugement du 12 février 1861 le débouta de sa
demande, et sur l'appel, la Cour rendit, le 25 novembre de la même année, un arrêt confirmatif.

Ayant exclusivement trait à la validité de l'acte tes-
tamentaire considéré dans sa forme, cette solution
nous paraît inattaquable; elle est la conséquence lo-
gique du principe que nous avons soutenu jusqu'à
présent, à savoir que, pour les contestations relatives à leur état civil, notamment, les Israélites indigènes sont, encore aujourd'hui, sous l'empire de leurs
lois et coutumes propres, au bénéfice desquelles il leur
est seulement toujours permis de renoncer.

Au fond, la matière des testaments *more-judaïco*
fait naître des questions d'autant plus intéressantes,

que si, en plusieurs points, la loi de Moïse et la loi française se rencontrent, il existe entr'elles, sur d'autres points, des différences fondamentales, dont l'une, par exemple, qui n'est pas la moins importante, consiste en ce que la législation hébraïque dénie formellement au testateur la capacité d'instituer des héritiers.

Mais, étrangères au plan que nous nous sommes tracé, ces questions ne sauraient trouver place dans cette ébauche, et nous aurons peut-être occasion de les traiter ailleurs d'une manière plus opportune.

E. DARBON, avocat.

Alger, le 24 avril 1862.

www.ingramcontent.com/pod-product-compliance
Lightning Source LLC
Chambersburg PA
CBHW071237200326

41521CB00009B/1508